CYFANSODDI CERDDORIAETH GYFOES

CANLLAW I FYFYRWYR

PWYLL AP SIÔN
IWAN LLEWELYN-JONES

ⓑ Prifysgol Aberystwyth, 2011 ©

Cyhoeddwyd gan CAA, Prifysgol Aberystwyth, Plas Gogerddan, Aberystwyth SY23 3EB (www.caa.aber.ac.uk).

Cyhoeddwyd dan nawdd Cynllun Adnoddau Addysgu a Dysgu CBAC.
Noddwyd gan Lywodraeth Cynulliad Cymru.

ISBN   978-1-84521-406-7

Cyfieithwyd gan: Arfon Gwilym a Sioned Webb
Golygwyd gan: Fflur Pughe
Dyluniwyd gan: Richard Huw Pritchard
Argraffwyd gan: Gwasg Gomer

Cydnabyddiaethau

Diolch i'r canlynol am ganiatâd i atgynhyrchu deunyddiau yn y gyfrol hon:

© Oxford University Press 1925. Atgynhyrchwyd gyda chaniatâd Oxford University Press. Cedwir pob hawl – 'The Lark Ascending' gan Ralph Vaughan Williams – t. 19
Gyda chaniatâd gan Ystad Grace Williams – 'Clychau Aberdyfi' gan Grace Williams – t. 24-25
Pwyll ap Siôn – 'Llanast' – t. 26-27; 'PG Tips?' – t. 65-66; '25 Diwrnod' (cerddoriaeth) – t. 98-99
Ceiri Torjussen – 'Three Welsh Folk Songs: Oes Gafr Eto?' – t. 29
© Oxford University Press 1962. Atgynhyrchwyd y dyfyniad gyda chaniatâd. Cedwir pob hawl – 'Penillion' gan Grace Williams – t. 31
© Hawlfraint 1924 Chester Music Limited, 14-15 Berners Street, Llundain W1T 3LJ. Cedwir pob hawl. Hawlfraint ryngwladol wedi'i sicrhau. Ailargraffwyd gyda chaniatâd – 'Allegro Moderato' o 'Sonata i Gorn, Trwmped a Thrombôn', cerddoriaeth gan Francis Poulenc – t. 40-41
© Hawlfraint 1924 gan Hawkes & Son (London) Ltd. Fersiwn diwygiedig: © Hawlfraint 1952 gan Hawkes & Son (London). Hawlfraint U.S. wedi'i adnewyddu / Atgynhyrchwyd gyda chaniatâd Boosey & Hawkes Music Publishers Ltd – 'Wythawd i Offerynnau Chwyth: Sinfonia + Allegro Moderato' gan Igor Stravinsky – t. 43-44
© Hawlfraint 1925 gan Universal Edition A.G. Wien/UE7670. Hawlfraint wedi'i adnewyddu 1952 gan Gertrude Schoenberg. Atgynhyrchwyd gyda chaniatâd. Cedwir pob hawl – 'Wind Quintet Op. 26' gan Gertrude Schoenberg – t. 50
© Sugarmusic S.p.A. – Edizioni Suvini Zerboni, Milan (yr Eidal) – 'Linee' gan Luigi Dallapiccola – t. 53
© Hawlfraint 1937 gan Universal Edition/UE10881. Atgynhyrchwyd gyda chaniatâd. Cedwir pob hawl – 'Variations for Piano Op. 27' (3ydd symudiad) gan Anton Webern – t. 55
© La Monte Young. Ni fwriadwyd y disgrifiad i gymryd lle sgôr perfformio. Rhaid cael trwydded i ddefnyddio'r sgôr gan y cyfansoddwr – t. 57
© Hawlfraint 1978 gan Hendon Music, Inc. Argraffiad diwygiedig: © Hawlfraint 1978, 1998 Hendon Music, Inc. / Atgynhyrchwyd gyda chaniatâd Boosey & Hawkes Music Publishers Ltd – 'Music for Eighteen Musicians' gan Steve Reich – t. 58
© Hawlfraint 1980 gan Universal Edition (London) Ltd, Llundain/UE 16156. Atgynhyrchwyd gyda chaniatâd. Cedwir pob hawl – 'Piano Phase' gan Steve Reich – t. 60
© Hawlfraint 1978 gan Hendon Music Inc. / Atgynhyrchwyd gyda chaniatâd Boosey & Hawkes Music Publishers Ltd – 'Six Pianos' gan Steve Reich – t. 60
© Hawlfraint 1965 Sony/ATV Music Publishing. Cedwir pob hawl. Hawlfraint ryngwladol wedi'i sicrhau. Defnyddiwyd gyda chaniatâd Music Sales Limited – 'Yesterday' & 'All You Need Is Love', geiriau a cherddoriaeth gan John Lennon & Paul McCartney – t. 72
© 1972 B Feldman & Co Ltd yn masnachu fel Hec Music. Atgynhyrchwyd gyda chaniatâd International Music Publications Ltd (enw masnach Faber Music Ltd). Cedwir pob hawl – 'Smoke on the Water', geiriau a cherddoriaeth gan Jon Lord, Ritchie Blackmore, Ian Gillan, Roger Glover ac Ian Paice – t. 76
© 1971 Lenono Music. Defnyddiwyd gyda chaniatâd – 'Imagine' gan John Lennon – t. 77

Diolch i gwmni Zooid Pictures Ltd am wneud y gwaith ymchwil ac am ymdrin â'r materion hawlfraint oedd ynghlwm â'r cyhoeddiad hwn.

Gwnaethpwyd pob ymdrech i olrhain a chydnabod deiliaid hawlfraint. Bydd y cyhoeddwyr yn falch o wneud trefniadau addas gydag unrhyw ddeiliaid na lwyddwyd i gysylltu â hwy.

Diolch i Haldon Evans, Eric Phillips, Janice Richards, Beti Rhys, Huw Thomas ac Owain Gethin am eu harweiniad gwerthfawr.

Diolch i'r ysgolion canlynol am gymryd rhan yn y broses dreialu:
Ysgol Gyfun Gymraeg Bro Myrddin, Caerfyrddin
Ysgol Uwchradd Caerdydd
Ysgol Cil-y-Coed/Caldicot

Mae fersiwn Saesneg o'r llyfr hwn hefyd ar gael, sef *Composing Contemporary Music – A Student's Guide*.

Rhagair

Rwyf wrth fy modd yn cael cyflwyno'r llyfr hwn a ysgrifenwyd i helpu myfyrwyr U2 gyda chynhyrchu cyfansoddiadau sy'n dangos ac yn adlewyrchu dealltwriaeth o iaith gerddorol yr 20^{fed} a'r 21^{ain} ganrif. Mae'r awduron, Pwyll ap Siôn ac Iwan Llewelyn-Jones, y naill yn gyfansoddwr a'r llall yn berfformiwr, yn arwain y darllenydd drwy amrediad o 'ysgolion' cyfansoddi sy'n aml yn heriol a chymhleth, mewn dull cymharol rwydd a hygyrch. Mae pob pennod yn dadansoddi'r technegau cyfansoddi a ddefnyddir gan y cyfansoddwyr, ac yna'n cyflwyno amrywiaeth o ddeunyddiau ysgogi, gweithgareddau a chyfarwyddyd cyfansoddi i fyfyrwyr. Mae nifer o enghreifftiau i wrando arnynt wedi eu cynnwys hefyd.

Cynhyrchwyd y llyfr i gefnogi manyleb U2 CBAC ac mae'n gymar i *Cerddoriaeth yr Ugeinfed Ganrif* gan Sioned Webb (Cwmni Cyhoeddi Gwynn). Er iddo gael ei ysgrifennu i ddechrau fel arweiniad i fyfyrwyr sy'n cyfansoddi, priodol yw annog agwedd holistig, a gwneud cysylltiadau ychwanegol gydag agweddau ar berfformio a gwerthuso. Bydd y llyfr hefyd yn adnodd defnyddiol ar gyfer athrawon mewn sefyllfa ddosbarth.

Gellir darllen y llyfr o glawr i glawr. Dewis arall i'r myfyrwyr yw darllen penodau unigol ar wahanol adegau, yn unol â'u hanghenion. Bydd mewnbwn athrawon yn dal yn bwysig o ran helpu a chynghori, yn ôl yr angen.

Fel y dywed Syr Simon Rattle yn ei ragair i *Leaving Home*, ei astudiaeth o'r 20^{fed} ganrif ar Sianel 4, "Mae cerddoriaeth ein canrif ni yn gloddfa aur ddihysbydd". Mae'r llyfr hwn yn dod â nifer o'r darnau aur hyn i'r golwg mewn ffordd uniongyrchol a hygyrch. Gobeithio y bydd y llyfr yn ysbrydoli myfyrwyr i dderbyn yr her a'r cyffro o greu cerddoriaeth, a thrwy berfformio, i fwynhau rhannu eu creadigaethau gydag eraill.

Eric W. Phillips, Prif Arholwr Cerddoriaeth Safon Uwch CBAC 2011

CYNNWYS

CYFLWYNIAD

Mae'r 21^{ain} ganrif yn gyfnod cyffrous i fod yn gyfansoddwr. Mae'r rhyngrwyd a dulliau eraill o gyfathrebu ar raddfa fyd-eang yn golygu bod modd i lawer ohonom brofi ystod ddi-ben-draw o arddulliau ac idiomau cerddorol o bob rhan o'r byd. O fewn un diwrnod fe allem fod yn gwrando ar gerddoriaeth Urdu-Tsieineaidd, seiniau trydanol-acwstig o Ganada, cerddoriaeth bop Gymraeg, drymio Affricanaidd, sioe gerdd, cantorion Maori, cerddoriaeth ffilm neu gerddoriaeth glasurol gyfoes.

Ond cymaint yw ehangder yr amrywiaeth gerddorol sydd ar gael dim ond trwy bwyso botwm neu glicio gyda'r llygoden, fel bod y cyffro'n gallu troi yn ofn ac yn banig. Gyda chymaint o ddewis ar gael, ble yn union mae dechrau? Neu, yn bwysicach fyth, sut ydyn ni'n dechrau?

Mae rhai wedi dadlau bod angen i ni wybod am ein traddodiad cerddorol ein hunain cyn dechrau darganfod cerddoriaeth o ben draw'r byd. Neu efallai y dylem ddweud 'traddodiadau'. Nid yw dadansoddi ystyr hyn yn hawdd. Mae profiadau cerddorol pob unigolyn yn wahanol. Cafodd rhai ohonom ein dwyn i fyny ar fwydlen o gerddoriaeth Glasurol Ewropeaidd. Fe allai hyn gynnwys cerddoriaeth Faróc Handel a Bach, cerddoriaeth Glasurol Haydn a Mozart, neu Ramantiaeth Chopin a Brahms. Efallai fod rhai wedi gwrando mwy ar gerddoriaeth boblogaidd – jazz, blues a roc. Daeth y gerddoriaeth yma hefyd yn rhan o'n traddodiad, er y gellid dadlau bod ei gwreiddiau yn Affrica. Efallai fod eraill yn tueddu fwy at draddodiad gwerin y caneuon gwerin Cymraeg, y dawnsiau a'r offerynnau, er enghraifft.

Mewn gwirionedd mae pawb ohonom, yn ôl pob tebyg, wedi cael ein magu yn sŵn gwahanol draddodiadau, felly mae rhyw fath o grochan cerddorol yn bodoli eisoes y gallwn ei ddefnyddio fel ffynhonnell. Fodd bynnag, os ydym am leoli ein hunain fel cyfansoddwyr yn byw yn yr 21^{ain} ganrif, mae angen i ni fod yn ymwybodol o'r arddulliau cerddorol oedd yn bodoli yn y ganrif flaenorol oherwydd eu bod yn dal yn bwysig heddiw. Mae'r arddulliau hyn bellach wedi dod yn rhan o draddodiad clasurol y Gorllewin. Ond mae cerddoriaeth yr 20^{fed} ganrif yn peri ansicrwydd a dryswch i lawer o bobl yn aml, er bod peth ohoni yn mynd yn ôl dros gan mlynedd – hyd yn oed cyn i'n teidiau gael eu geni! Mae angen i ni ddeall sut yr esblygodd yr arddulliau hyn er mwyn eu cymhwyso i'n hanghenion creadigol ni.

Mae'r llawlyfr hwn yn cynnig arweiniad ymarferol i gyfansoddi drwy ddefnyddio rhai o'r arddulliau hyn. Ei fwriad yn bennaf yw ychwanegu at ofynion Safon Uwch CBAC. Yn arbennig, cyfansoddi MU5 (A) a (B) yn U2 (yn enwedig Cyfansoddi 2), ond mae'n ddefnyddiol hefyd ar gyfer rhannau eraill o'r cwrs, gan gynnwys MU2 (Cyfansoddi) i'r Safon UG.

Mae Cyfansoddi 2 yn MU5 (A) a (B) yn gofyn i ymgeiswyr gyflwyno un cyfansoddiad 'sy'n dangos ac yn adlewyrchu dealltwriaeth o iaith gerddorol yr 20^{fed}/21^{ain} ganrif.' Bydd y llawlyfr yn helpu ymgeiswyr i 'ymgyfarwyddo ac i arbrofi gyda nodweddion arddull a chonfensiynau'r 20^{fed}/21^{ain} ganrif', a'u galluogi i adnabod 'dyfeisiadau cyfansoddi perthnasol y gellir wedyn eu hymgorffori a'u datblygu o fewn eu cyfansoddiadau nhw eu hunain er mwyn cynhyrchu... [canlyniadau] dychmygus, sylweddol a chyson'. Mae Cyfansoddi 2 yn MU2 a Chyfansoddi 3 yn MU5 (B) yn gofyn i fyfyrwyr gyflwyno cyfansoddiad rhydd. Ein gobaith yw y bydd yr arddulliau a gyflwynir yn y llyfryn hwn yn ysbrydoli myfyrwyr i 'fynegi a datblygu... syniadau unigol mewn ffordd greadigol a dychmygus'. Nid argymell a chyfarwyddo yw'n bwriad wrth amlinellu'r arddulliau yn y llawlyfr hwn, er y gall meddwl amdanynt yn y ffordd hon fod yn gymorth i rai myfyrwyr ar y dechrau. Yn hytrach, dylent gael eu hystyried fel set o ganllawiau – map sy'n dangos y ffordd tuag at gyfansoddi rhydd mewn idiom gyfoes.

Er mwyn eich cynorthwyo i archwilio arddulliau'r 20^{fed}/21^{ain} ganrif, bydd pob pennod yn fras yn dilyn patrwm tebyg. Cyflwynir a disgrifir arddull gerddorol benodol. Dilynir hyn gan restr o nodweddion cerddorol pwysig – neu gynhwysion – sy'n perthyn i'r arddull honno, gydag enghreifftiau wedyn sy'n rhoi awgrymiadau ymarferol i chi ar sut i ymgorffori'r cynhwysion yma yn eich cyfansoddiad. Wrth gwrs, fe allwch chi addasu'r cynhwysion hyn yn ôl eich anghenion eich hun pan fyddwch yn cyfansoddi eich cerddoriaeth eich hun.

Efallai y byddai'r gair 'fformiwlâu' yn air cywirach i ddisgrifio'r cynhwysion hyn. Mae llawer o gerddoriaeth yn seiliedig ar fformiwla. Weithiau fe all hyn fod yn wendid. Pan fydd cerddoriaeth yn troi'n ormodol o gwmpas fformiwla mae'n dechrau mynd yn *cliché* ac mae'n hawdd rhagweld beth sy'n dod nesaf. Fodd bynnag, ar y pegwn arall yn llwyr, fe all darn fod mor radical ac arbrofol fel nad yw'n gwneud llawer o synnwyr 'cerddorol'. Efallai mai'r nod mewn cyfansoddiad da yw creu rhywbeth sydd rhwng y ddau begwn yma – mae angen i chi fod yn ymwybodol o'r fformiwlâu er mwyn gwybod sut i'w troi i'ch melin eich hun.

Mae'r arddulliau a geir yn y llawlyfr hwn felly dipyn bach fel blociau adeiladu ar gyfer iaith gerddorol – mae pob un ohonom yn dysgu'n raddol sut i siarad iaith o oedran cynnar iawn drwy adeiladu ein brawddegau 'cywir' ohonynt. Yn aml iawn fe wnawn hyn ar y dechrau drwy ddynwared yr hyn a glywn. Ond yn raddol rydym yn dechrau creu ein brawddegau ein hunain allan o eiriau a strwythurau'r iaith hon. Meddyliwch am gyfansoddi yn yr un modd. Mae'r llawlyfr hwn yn rhoi'r blociau adeiladu i chi ar gyfer 'siarad' iaith gerddorol yr 20^{fed} ganrif. Fodd bynnag, yn union fel y dysgwn siarad iaith drwy wrando ar bobl eraill, y ffordd orau o ddysgu iaith gerddorol yr 20^{fed} ganrif yw gwrando ar gymaint ohoni â phosibl, a'i pherfformio hefyd os medrwch. Felly fe ychwanegwyd rhestr o ddarnau perthnasol (a llyfrau, lle bo hynny'n berthnasol) ar ddiwedd pob pennod i'ch helpu i wrando mwy ar y gerddoriaeth hon.

Mae pob pennod yn eich arwain at gyfansoddi darn effeithiol mewn arddull arbennig, neu mewn cyfuniad o arddulliau. Dangosir agweddau positif a chryfderau, a cheir cyngor ar sut i wella cyfansoddiad. Mae'r cynhwysion a nodir ar gyfer cwblhau cyfansoddiad llwyddiannus yn un o'r arddulliau hyn yn cael eu gosod gyda golwg ar ganllawiau asesu mewnol CBAC, ac ym mhob pennod fe ddarperir cyfres o 'ganllawiau cyfansoddi' – awgrymiadau ar sut i fynd ati i ysgrifennu darn mewn arddull arbennig.

Y gobaith yn y llawlyfr hwn felly yw eich galluogi i wneud cysylltiadau rhwng eich cyfansoddiadau eich hun a'r arddulliau 20^{fed}/21^{ain} ganrif yr ydych yn eu hastudio. Fodd bynnag, mae'n bwysig cadw mewn cof nad yw'r arddulliau hyn wedi eu gosod mewn concrit. Dydyn nhw ddim yn bodoli mewn gwagle. Mae arddulliau o'r fath yn aml yn gysylltiedig â'i gilydd mewn nifer o wahanol ffyrdd. Roedd rhai o gyfansoddwyr gorau yr 20^{fed} ganrif yn osgoi glynu at un arddull – ond yn hytrach yn symud o un arddull i'r llall (Stravinsky) neu yn datblygu eu hiaith gerddorol unigryw eu hunain (Messiaen).

Dim ond dull o gyrraedd y nod yw cyfansoddi drwy ddefnyddio arddulliau cerddorol yr 20fed/21ain ganrif – nid y nod ei hun. Cewch eich cymell felly i arbrofi gydag unrhyw nifer o arddulliau er mwyn darganfod eich llais cyfansoddi eich hun. Mae'n bosibl y bydd yn haws, ar y dechrau o leiaf, i ganolbwyntio ar ddim ond un neu ddwy arddull wahanol. Ond peidiwch â chael eich cyfyngu ganddynt. Lluniwyd y cynhwysion ym mhob pennod er mwyn bod mor hyblyg â phosibl. Does dim yn eich rhwystro rhag cymryd unrhyw nifer o gynhwysion arddull o unrhyw nifer o wahanol arddulliau, fel y dangosir yn y diagram isod, ond cofiwch y dylai'ch cyfansoddiad ddal i arddangos rhyw gysondeb. Fe all eich ymdrechion i gyfuno gormod o wahanol gynhwysion arwain at anhrefn cerddorol, felly cymerwch ofal!

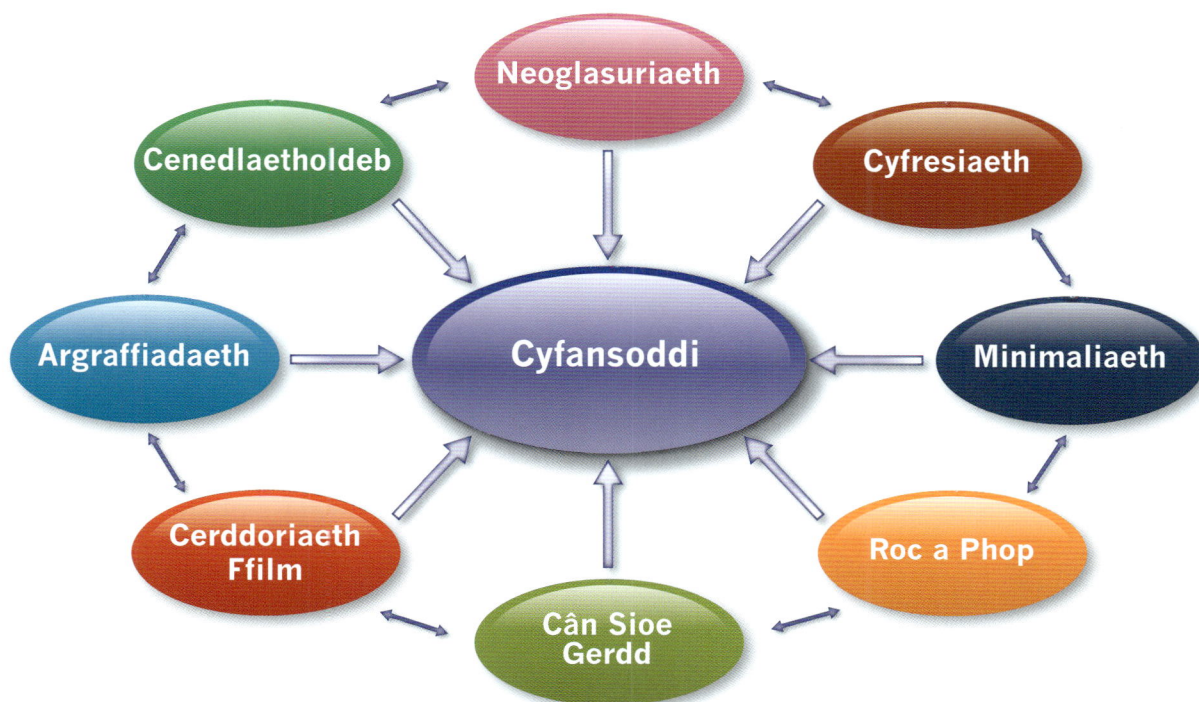

Rydych felly yn barod i archwilio rhai o arddulliau pwysicaf yr 20fed ganrif. Ond cyn i chi wneud hyn, bydd y cyflwyniad yn sôn am ddau faes sy'n bwysig pa bynnag arddull y penderfynwch ei mabwysiadu – canllawiau cyflwyno a chyfansoddi. Fe allai hefyd fod yn ddefnyddiol i ailddarllen y canllawiau canlynol cyn i chi gyflwyno eich cyfansoddiad terfynol ar gyfer ei asesu.

Cyflwyno

Mae manyleb Cerdd U2 CBAC yn nodi 'bod yn rhaid i [bob] cyfansoddiad gael ei recordio, a'i gyflwyno gyda sgôr, gan ddefnyddio'r nodiant priodol'. Mae'r dechnoleg gyfrifiadurol gyfoes yn golygu y medrwch gyflwyno'r elfen nodiant a recordio i safon uchel. Ceisiwch fod mor broffesiynol â phosibl gyda hyn. Dyma rai canllawiau.

Nodiant

- Ceisiwch ymgyfarwyddo gyda rhaglen feddalwedd prosesu cerddoriaeth megis Sibelius neu Finale.
- Defnyddiwch y llawlyfr i ddeall sut i fewnbynnu POB agwedd ar eich sgôr, o'r traw a'r rhythm i'r mynegiant, dynameg a'r cysodi geiriau.
- Sicrhewch fod y sgôr yn edrych yn broffesiynol – a yw eich sgôr yn edrych fel sgôr a argraffwyd yn broffesiynol?

Defnyddiwch y rhestr isod cyn i chi gyflwyno eich sgôr gerddorol:

Maes	Rhestr wirio	✔ / ✖
Teitl	Ydych chi wedi cynnwys teitl addas ar gyfer y darn?	
Offeryniaeth	A yw enw pob offeryn wedi ei farcio yn glir yn y lleoedd cywir ar y sgôr?	
Tempo	Ydych chi wedi cynnwys syniad o'r amseriad (*Allegro*, ac ati) a marc metronom?	
Cywair	Os yw'r darn mewn cywair arbennig, ydych chi wedi dangos hyn yn gywir? Os yw pob 'F' ar eich sgôr yn llonnod, yna dangoswch hyn yn yr arwydd cywair.	
Arwydd amser	A oes arwydd amser ar ddechrau'r darn? Ydy hyn yn gywir? A oes arwyddion amser gwahanol yn ymddangos yn y lleoedd priodol yn ystod y darn?	
Traw	Ydych chi wedi mewnbynnu'r traw yn gywir? A yw cyfeiriad coesau'r nodau yn gywir? A yw'r holl dawnodau dianghenraid wedi eu dileu?	
Rhythm	A yw'r holl batrymau rhythmig wedi cael eu grwpio yn gywir? A yw'r patrymau hyn wedi eu nodi mewn ffordd sy'n hawdd i'w darllen a'u perfformio?	
Dynameg	A oes marciau dynameg wedi eu cynnwys (megis *piano*, *forte*, ac ati)? Ydych chi wedi defnyddio 'pinau gwallt' lle bo'n briodol?	
Ynganiad (*Articulation*)	A oes marciau ynganiad yn y sgôr (megis *staccato*, *tenuto*, ac ati)?	
Adrannau	A yw'r gwahanol adrannau wedi cael eu marcio'n glir, er enghraifft, drwy ddefnyddio barrau dwbl a/neu rifau ymarfer?	
Rhifau bar	Ydych chi wedi rhifo'r barrau? Ni ddylech rifo *pob* un, ond un ai ar ddechrau pob system neu bob rhyw 5 neu 10 bar.	
Maint y nodiant	A yw maint y nodau mor fawr fel na ellir ond cynnwys ychydig o farrau ar bob tudalen? Meddyliwch faint o wybodaeth gerddorol sydd ar bob tudalen a lleihau maint y nodau os oes angen. Os oes gormod o fanylion ar bob tudalen, ystyriwch gynyddu maint y nodiant. Defnyddiwch '*format into system*' neu '*format into page*' i newid nifer y barrau ar un tudalen.	
Geiriau a cherddoriaeth	Ydych chi wedi cynnwys o leiaf y geiriau ynghyd â'r cordiau? Ydych chi wedi cynnwys esboniad manwl ar sut y gwnaethoch chi drefnu'r gerddoriaeth? Ydych chi wedi darparu amlinelliad adeiledd y manylion cerddorol ar ffurf tabl neu siart?	

Recordio

- Ymgyfarwyddwch â rhaglenni meddalwedd recordio a golygu megis Cubase, Logic neu Garageband.

- Defnyddiwch y llawlyfr i ddeall sut i recordio a golygu traciau – seiniau wedi eu samplo/syntheseiddio a rhai acwstig.

- Sicrhewch fod eich recordiad yn swnio ac yn edrych yn broffesiynol. Dylai ansawdd y recordiad fod yn dda – heb sŵn hisian a chrawcian. Cyflwynwch y CD neu'r ddisg mini yn iawn, gyda gorchudd addas a gwybodaeth wedi ei hargraffu. Peidiwch ag anghofio gwirio popeth yn derfynol a sicrhau ei bod yn chwarae ar fwy nag un peiriant gwahanol.

- Sicrhewch fod rhif y ganolfan a rhif ymgeisydd yr arholiad hefyd yn weladwy.

- Os oes cerddorion eraill yn chwarae ar eich trac, esboniwch sut y gwnaethon nhw berfformic eu rhan. Os na wnaethoch chi roi'r rhannau iddyn nhw, wnaethon nhw gyfansoddi'n fyrfyfyr eu hunain? Os na chyfansoddwyd rhai o'r rhannau gennych chi, nodwch hynny yn glir.

Defnyddiwch y rhestr wirio hon cyn i chi gyflwyno eich recordiad:

Maes	Rhestr wirio	✔ / ✘
Recordio	• A yw'r holl rannau a thraciau wedi eu cynnwys? • A yw'r recordiad o safon dda neu safon uchel? • A yw'r perfformiadau'n gywir? • Ydyn nhw'n cynrychioli yr hyn oedd gennych mewn golwg?	
Traciau	• Os ydych yn defnyddio synau wedi eu samplo, ydyn nhw o safon dda neu safon uchel? • A fyddai offerynnau neu leisiau go iawn yn gweithio'n well? • A ellid gwella ar y recordiad mewn unrhyw ffordd?	
Cymysgu	• A gafodd y traciau eu cymysgu'n iawn? • A oes offerynnau'n absennol o'r cymysgiad? Neu a yw rhai yn rhy uchel? • Ydych chi wedi meddwl am gydbwysedd? • Ydych chi wedi ychwanegu effeithiau priodol, megis datseinedd (*reverberation*)?	

Canllawiau cyfansoddi

Mae briff cyfansoddi (neu gyfres ohonyn nhw) wedi ei gynnwys ym mhob pennod. Dylai hyn eich helpu i ddechrau ar gyfansoddiad mewn arddull arbennig. Cynhwysir isod set generig o ganllawiau ar sut i gynllunio, datblygu ac ystyried eich gwaith. Efallai y bydd cyfeirio at y canllawiau hyn yn gymorth cyn, yn ystod ac ar ôl i chi ysgrifennu'r darn.

Cynllunio a datblygu	Meini prawf CBAC	Cyflawni'r meini prawf
Adeiledd Defnyddiwch un o'r adeileddau a amlinellir ym mhob pennod fel sail i'ch cyfansoddiad (er enghraifft, ABA, deuddeg·bar, cyfansoddi di·dor, ac ati).	Mae angen i'ch cyfansoddiad ddangos dealltwriaeth eglur o gydbwysedd, ffurf ac adeiledd.	Sicrhewch fod digon o gyferbyniad rhwng yr adrannau. Er enghraifft, mewn ffurfiau ABA neu bennill·cytgan ystyriwch y canlynol: • gwead newydd; • thema gyferbyniol neu batrwm harmonig sy'n seiliedig ar wahanol raddfa neu fodd; • dynameg neu rychwant timbre newydd; • newid mewn tempo; • curiad rhythmig newydd.
Harmoni, alaw a rhythm I ddechrau, gwnewch fraslun o'r deunydd thematig, melodig, harmonig a rhythmig. Cynlluniwch eich syniadau i ddechrau, cysodwch y nodau ar bapur, defnyddiwch feddalwedd prosesu cerddoriaeth, neu recordiwch nhw yn syth ar eich cyfrifiadur.	Cofiwch ddangos rheolaeth dda ar iaith felodig, harmonig a rhythmig briodol.	Bydd cymeriad melodig, harmonig a rhythmig eich cerddoriaeth yn amrywio o bennod i bennod (er enghraifft, pan fyddwch yn defnyddio rhesi nodau mewn cerddoriaeth Gyfresol, harmonïau tonau cyfan mewn cerddoriaeth Argraffiadol, neu batrymau polyrhythmig mewn cerddoriaeth Neoglasurol). Anelwch am: • siapiau melodig cytbwys; • syniadau melodig y gellir eu hamrywio a'u datblygu; • cordiau sy'n mynd y tu hwnt i driadau mwyaf/lleiaf sylfaenol; • dilyniannau harmonig sy'n addas ar gyfer yr arddull dan sylw; • rhythm cyferbyniol ac amrywiol (er enghraifft, gwrthbwynt rhythmig); • amrediad o batrymau rhythmig sy'n gydbwysedd o ailadrodd ac amrywiadau.
Gwead Cofiwch eich bod yn ysgrifennu ar gyfer offerynnau penodol.	Rhaid i chi ddangos sensitifrwydd wrth ddewis a defnyddio offerynnau a/neu sŵn gwneud.	Dylai'r arddull gerddorol a ddewisir gennych gael ei chyfyngu gan unrhyw gyfuniadau offerynnol a lleisiol. Er enghraifft: • cân allan o sioe gerdd wedi ei sgorio ar gyfer llais a phedwarawd piano; • darn Argraffiadol ar gyfer gitâr drydan; • darn Minimalaidd ar gyfer harpsicord; • darn cenedlaetholgar ar gyfer sacsoffon a thelyn deires wedi ei chwyddseinio; Sicrhewch fod beth bynnag a ysgrifennwch yn ganadwy ac yn chwaraeadwy. Ystyriwch y canlynol: • ystod llais ac offeryn; • cyfuniadau lleisiol ac offerynnol; • ensemble rhwng offerynnau amrywiol; • nodweddion idiomatig; • cyferbyniad rhwng unawd a tutti.

Ystyried
• A yw'r cyfansoddiad yn ddigon diddorol? A yw'n ddigon heriol? Sut y medrwch chi ei wneud yn fwy diddorol a heriol?
• A yw'r darn yn cyflawni meini prawf CBAC? Os mai 'na' yw'r ateb, pa feysydd y mae angen gweithio arnynt?
• Sut y medrwch chi wella'r darn yn nhermau alaw, harmoni, rhythm, gwead neu adeiledd?
• A ydych chi wedi defnyddio a datblygu rhai o'r technegau a amlinellir yn y bennod? A allwch chi gyfuno neu addasu'r technegau?
• Ydych chi wedi chwarae trwy'r gerddoriaeth ac wedi gwrando'n ôl ar yr hyn a gyfansoddwyd? A yw'r recordiad a/neu'r sgôr gerddorol yn adlewyrchu eich bwriadau? A fedrwch chi wella ar unrhyw ran o'r cyfansoddiad?

Eiconau:

Gwrando

Meddwl

Chwarae

Cyfansoddi

ARGRAFFIADAETH

PAM ARGRAFFIADAETH?

Ar ddechrau'r 20[fed] ganrif roedd grŵp o gyfansoddwyr Ffrengig, gan gynnwys Claude Debussy a Maurice Ravel, yn gwrthryfela yn erbyn y tueddiadau oedd yn amlwg yng ngherddoriaeth y cyfansoddwyr Rhamantaidd hwyr. Doedden nhw ddim am gyfansoddi cyfansoddiadau ar raddfa fawr yn y 'dull Germanaidd' gyda'i strwythur haearnaidd a'i fynegiant dwys (yr arddull a ddilynodd Beethoven, Brahms, Wagner a Mahler). Yn hytrach, roedden nhw am greu arddull 'Ffrengig' newydd a fyddai'n symlach, yn fwy cynnil, a llai o 'galon yn y golwg'.

BETH YN UNION YW ARGRAFFIADAETH FELLY?

Bathwyd y term 'Argraffiadaeth' i ddisgrifio dull o beintio a ddatblygwyd gan grŵp o arlunwyr Ffrengig, yn cynnwys Monet a Renoir. Yn eu paentiadau roedden nhw'n gweld golygfeydd bob dydd ac yn eu gosod ar gynfas ar unwaith. Golygai hyn fod yn rhaid iddyn nhw beintio yn gyflym iawn – gan ddefnyddio cyffyrddiadau bach ac ysgafn o'r brwsh, ag ychydig o baent ond digonedd o liw – i gyfleu 'argraff' o'r hyn a welwyd ganddynt.

Yn yr un ffordd, fe aeth Debussy a Ravel ati i gyfansoddi cerddoriaeth a fyddai'n awgrymu delwedd neu sefyllfa, gan ddefnyddio technegau cerddorol manwl gywir. Ar ôl troi eu cefnau ar y gorffennol, roedd yn rheidrwydd arnynt i ganfod ffyrdd newydd o weithio gydag elfennau craidd cyfansoddi:

- Alaw/Thema
- Harmoni
- Rhythm
- Gwead
- Mynegiant
- Adeiledd

SUT YDW I'N CYFANSODDI CERDDORIAETH ARGRAFFIADOL?

Mae nifer o nodweddion yn perthyn i gerddoriaeth Argraffiadol. Fe ddylai deall sut maen nhw'n gweithio eich helpu i gyfansoddi cerddoriaeth yn yr arddull hon. Dyma nhw:

- defnydd o raddfa'r tonau cyfan a graddfa bentatonig fel sail i greu themâu a harmonïau;
- dilyniannau newydd o gordiau, gan gynnwys cordiau 7[fed] a 9[fed], symudiad cordiau cyfochrog ac anghytgordiau heb eu hadfer;
- ffurfiau ar raddfa fach megis ABA;
- rhythmau'n llifo;
- dull manwl o nodi marciau mynegiant – dynameg, tempo, ynganiad;
- gweadau tryloyw a lliwgar yn aml gyda gofod eang rhyngddynt.

Beth am i ni edrych ar rai o'r rhain yn eu tro.

1 | **Defnydd o raddfa'r tonau cyfan neu raddfa bentatonig i greu themâu**

Mae graddfa'r tonau cyfan yn cynnwys cyfres o nodau gydag un tôn yn eu gwahanu. Er enghraifft, os dechreuwch ar C ganol fe gewch raddfa yn cynnwys 6 gwahanol nodyn:

Os dechreuwch ar D♭ fe gewch raddfa 6 nodyn arall:

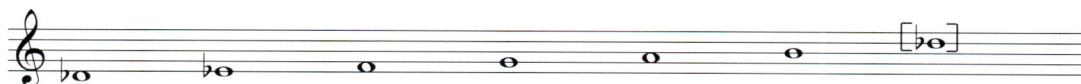

Os ystyriwch y rhain gyda'i gilydd, mae'r ddau fersiwn yn defnyddio pob un o ddeuddeg nodyn y raddfa gromatig, felly mewn theori dim ond dau fersiwn o raddfa'r tonau cyfan sydd ar gael.

Yr hyn oedd yn arbennig c ddeniadol i'r cyfansoddwyr Argraffiadol ynglŷn â graddfa'r tonau cyfan oedd y ffaith ei bod yn osgoi'r cyfuniad o donau a hanner tonau a geir ym mhob graddfa fwyaf a lleiaf. Mae pob nodyn yr un mor bwysig â'i gilydd – does dim teimlad o donydd, llywydd neu nodyn arweiniol, dim angen trafferthu gyda diweddebau fel mewn cerddoriaeth gyweiriol o'r 18[fed] a'r 19[eg] ganrif.

Chwaraewch y raddfa hon ar eich allweddell tra'n dal y pedal cynnal i lawr.

Sut fyddech chi'n disgrifio'r sain a glywch chi?

Yn yr un modd, mae gan y raddfa bentatonig – graddfa 5 nodyn – ei strwythur arbennig ei hun. Os dechreuwn ar C ganol, dyma beth gawn ni:

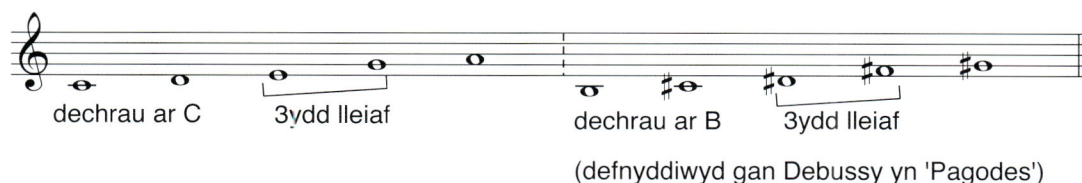

dechrau ar C   3ydd lleiaf   dechrau ar B   3ydd lleiaf

(defnyddiwyd gan Debussy yn 'Pagodes')

Fe ddewch ar draws y raddfa hon mewn llawer math o gerddoriaeth ethnig ond mae'r cyfansoddwyr Argraffiadol yn ei defnyddio yn aml i adlewyrchu seiniau o'r Orient, e.e. seiniau cerddorfa *gamelan* o Indonesia yn cael eu hefelychu gan Debussy yn ei ddarn piano, *Pagodes* (gweler tudalen 11).

Fel y gwelwch, un tôn o wahaniaeth sydd rhwng nodau graddfa bentatonig, gydag un eithriad, y cyfwng rhwng y 3[ydd] a'r 4[ydd] nodyn – 3[ydd] lleiaf. Mae hyn yn rhoi ansawdd arbennig o agored i'r raddfa. Yn wahanol i raddfa'r tonau cyfan, mae'n bosibl cael deuddeg gwahanol fersiwn o'r raddfa bentatonig, yn dibynnu ar ba nodyn y dechreuwch.

Ceisiwch chwarae'r raddfa bentatonig gan ddechrau ar nodyn o'ch dewis chi ar eich allweddell. Cofiwch gadw'r cyfyngau yn union fel y dangosir ar dudalen 9, a daliwch y pedal cynnal i lawr er mwyn cael effaith lawn y lliw Argraffiadol.

Sut fyddech chi'n disgrifio'r sain a glywch chi?

Creu harmonïau drwy ddefnyddio'r graddfeydd hyn mewn darn Argraffiadol

Rydym eisoes wedi sôn am yr angen i osgoi cyweiredd gymaint â phosibl mewn cerddoriaeth Argraffiadol. Golyga hyn osgoi unrhyw ddiweddebau a gysylltir â harmoni cyweiriol (diweddebau perffaith ac amherffaith yn arbennig, oherwydd eu bod yn arwydd o bwysigrwydd dau begwn y tonydd a'r llywydd mewn cerddoriaeth donawl).

Roedd yn well gan gyfansoddwyr Argraffiadol ddilyniannau mwy anarferol o gordiau. Fe aethant ati i greu harmonïau allan o gyfuniad o nodau o'r graddfeydd 'newydd'. Mae graddfa'r tonau cyfan yn cynnwys cyfyngau 2^{il} mwyaf, 3^{ydd} mwyaf, 4^{ydd} estynedig/5^{ed} cywasg (trithon), 6^{ed} lleiaf, 7^{fed} lleiaf ac 8^{fed}.

2il mwyaf   3ydd mwyaf   ac ati

Os ydych wedyn yn pentyrru y 3^{yddau} mwyaf, dyweder, ar ben ei gilydd, fe gewch gord tri nodyn:

Mae'r cord hwn yn swnio'n anghytgordiol iawn, ac eto, fe fyddai cyfansoddwyr fel Debussy yn defnyddio cordiau fel hyn ar ôl ei gilydd neu mewn symudiad cyfochrog. Er enghraifft, yn ei breliwd *Minstrels*, er mwyn cyfleu jôc *corny* fe ysgrifennodd Debussy hyn:

Debussy - Minstrels (barrau 37-39): llaw dde

Mae'r raddfa bentatonig yn cynnwys cyfuniad gwahanol o gyfyngau – 2^{il} mwyaf, 3^{ydd} mwyaf a lleiaf, 4^{ydd} a 5^{ed} perffaith, 6^{ed} mwyaf. Mae Debussy yn creu sawl cyfuniad o gordiau yn y darn a ddylanwadwyd gan yr Orient, *Pagodes*.

TRAC 1

Wrth gwrs, does dim angen i chi gyfyngu eich hunan yn llwyr i'r nodau hyn – fe allai ychwanegu un neu ddau nodyn sy'n ddieithr i strwythur y raddfa fod yn arbennig o effeithiol. Mae Debussy yr gwneud hyn yn *Pagodes*, yn ychwanegu A♮ at y raddfa bentatonig (gweler bar 5 yn yr enghraifft isod).

Debussy - Pagodes B/C#/D#/F#/G#

A wedi e hychwanegu

BRIFF CYFANSODDI

Dewiswch un fersiwn o raddfa'r tonau cyfan neu'r raddfa bentatonig a chyfansoddwch alaw 8 bar ar gyfer eich offeryn neu eich llais. Yna cyfansoddwch set o gordiau/ffigurau fel cyfeiliant gan ddefnyddio'r un set o nodau. Ceisiwch ychwanegu un neu ddau o nodau o'r tu allan i'r raddfa a ddewiswyd gennych.

2 Dilyniannau newydd o gordiau sy'n defnyddio cordiau 7fed a 9fed, symudiad cordiau cyfochrog ac anghytgordiau heb eu hadfer

Roedd llawer o gerddoriaeth gyweiriol y cyfnod Clasurol a Rhamantaidd wedi eu hadeiladu o gwmpas y tensiwn rhwng cordiau'r tonydd a'r llywydd, e.e. roedd angen i gord 7fed y llywydd adfer i'r tonydd er mwyn swnio'n gyflawn a chytbwys.

Fe drodd y cyfansoddwyr Argraffiadol eu cefnau ar y rheol hon – fe allai cordiau'r 7fed, 9fed a'r 11eg sefyll ar eu traed eu hunain heb orfod adfer. Sylwch sut y mae Debussy yn dechrau ei *Sarabande* gyda dilyniant o gordiau 7fed sydd i bob golwg yn hongian yn yr awyr (gweler barrau 1-2 ac 11-12 ar cudalen 12).

TRAC 2

Ym mar 38 ac ati mae'n gwneud yr un peth gyda chordiau sy'n cynnwys 6ed ychwanegol.

Ydych chi'n cael y teimlad fod yr harmonïau fel pe baent yn hongian yn yr awyr? Mae hwn yn rhywbeth a deimlir yn aml gyda cherddoriaeth Argraffiadol.

Debussy - Sarabande

7fedau ac 8fedau cyfochrog

7fedau cyfochrog yn esgyn a disgyn

cordiau 6edau cyfochrog wedi eu hychwanegu

3   Creu teimlad o adeiledd – rhoi siâp ar ddarn Argraffiadol

Hyd yn hyn, rydym wedi trafod agweddau o alaw/thema a strwythur harmoni/cord mewn cerddoriaeth Argraffiadol. Er mwyn dangos sut mae cyfansoddwr Argraffiadol yn gweithio'r rhain i mewn i ddarn byr o gerddoriaeth ddisgrifiadol, beth am i ni edrych ar 16 bar agoriadol preliwd Debussy i'r piano, *Voiles*.

Byddai'r geiriau 'hwyliau', 'llenni' neu 'orchudd' yn cyfleu'r gair Ffrangeg *voiles*. Er mwyn cadw'r teimlad amwys o ddirgelwch sydd ymhlyg yn y teitl, heb adael i'r darn grwydro i'r fan a fynno, mae Debussy yn ei glymu ynghyd drwy ddefnyddio ffurf ABA hyblyg.

TRAC 3

Debussy - Voiles

Modere ♪ = 88
(Dans un rythme sans rigeur et caressant)

'a'

Piano

p tres doux   *p*   *piu p*

'c'   *tres doux*

Pno.

pp expressif   'c+'

pp   *toujours pp*

'b'

Adnabod y cynhwysion

Ceir tair thema, wedi eu labelu **a**, **b** a **c**. Mae'r tair thema wedi eu hadeiladu o nodau o un fersiwn o raddfa'r tonau cyfan – y fersiwn sy'n cynnwys y nodau C D E F♯ G♯ B♭.

Gadewch i ni droi ein sylw at nodweddion eraill yr arddull Argraffiadol a restrir uchod sy'n ymwneud â rhythm, dynameg a gwead:
* rhythmau llifeiriol;
* dull arbennig o fanwl o nodi marciau mynegiant – dynameg, tempo, ynganiad;
* gweadau tryloyw a lliwgar, yn aml gyda gofod eang rhyngddynt.

Sylwch sut mae gan bob thema ei siâp rhythmig a dynamig ei hun, yn datblygu yn ei ffordd arbennig ei hun. Dyma dabl yn crynhoi y gwahaniaethau hyn:

Thema	Siâp melodig	Rhythm	Dynameg	Ynganiad
a	Gostwng fesul cam, gyda naid wythfed i fyny yn dilyn, wedi eu dyblu mewn 3yddau mwyaf	Rhythmau anarferol – nodau clwm hirion gyda nodau byrion iawn yn dilyn	*p* – tawel iawn gyda graddoliadau	*legato*
b	Nodyn unigol yn cael ei ailadrodd – B♭	Patrwm ostinato o grosietau a chwaferi trawsacennog – tawnodau yn chwarae rhan amlwg	*pp* drwyddo draw (*toujours*)	datgysylltiol
c	Thema tri nodyn sy'n disgyn fesul cam, wedi eu dyblu mewn wythfedau	Cwaferi araf eu symudiad a nodau clwm	*pp* a llawn mynegiant	*legato*

Clymu'r cynhwysion ynghyd – datblygu'r syniadau

Ar ôl cyflwyno'r themâu yn eu tro, mae Debussy yn eu cyfuno mewn gwead tryloyw tair rhan ac yn eu datblygu. Mae'r ffordd y datblygir ffigur **c** yn arbennig o ddiddorol:

- yn gyntaf, drwy estyniad ym marrau 9-14 i ffurfio brawddeg chwe bar sy'n codi ac yn gostwng – bellach mae'n cynnwys pob un o'r chwe nodyn yng ngraddfa'r tonau cyfan;
- yna ym mar 15, mae'r wythfedau tri nodyn gwreiddiol yn cael eu llenwi gyda nodau 3^{ydd} mwyaf oddi wrth ei gilydd (fel yn *Minstrels*), gan greu harmonïau newydd a chwaraeir yn awr yn ddatgysylltiol (nid *legato* fel y gwreiddiol).

Drwy gydol adran gyntaf y darn hwn, sy'n para 41 bar (adran A), mae Debussy yn marcio gwahanol isadrannau, nid trwy ddefnyddio diweddebau fel y gwelsom eisoes, ond trwy ysgrifennu'r gair *cedez* sy'n awgrymu arafu'r tempo am eiliad – bron fel oedi i feddwl am eiliad cyn dal ati.

Gwrandewch ar yr adran gyntaf hon. A fedrwch chi glywed sut mae Debussy yn gadael i'r gerddoriaeth fynd rhagddi? Drwy ddefnyddio chwe nodyn sylfaenol ei raddfa tonau cyfan ddewisedig mae'n **cynllunio** ei agoriad drwy gyflwyno pob un o'r tri syniad thematig yn ei dro. Drwy ddefnyddio cyferbyniad rhythmig, gweadol a dynamig ym mhob un, mae'n rhoi digon o gyfle iddo ef ei hun i **ddatblygu'r** themâu drwy eu cyfuno mewn amrywiaeth o ffyrdd.

Ym mar 42 mae Debussy yn gwneud newidiadau enfawr, yn dod â deunydd newydd i mewn, ac felly yn creu adran B gyferbyniol:

graddfa bentatonig

- Mae'n cyflwyno arwydd cywair gyda phum meddalnod;
- adeiledir y deunydd thematig allan o nodau'r raddfa bentatonig:
  G♭   A♭   B♭   D♭   E♭
- mae'r gwead tair rhan yn diflannu ac yn cael ei ddisodli gan linell lefn o nodau, sy'n cynnwys *glissandi* esgynnol;
- mae'r rhythm yn amwys a'r marciau tempo yn amrywio o 'sionc iawn' (*en animant*) i gyflym (*rapide*), yna'n arafu cryn lawer (*tres retenu*);
- mae'r ystod dynameg yn enfawr mewn adran mor fer (ehangach o lawer nag adran A) – o *forte* i lai na *pp*.

Effeithiau Argraffiadol diddorol eraill i sylwi arnynt:

- ym mar 42, mae'r pianydd yn rhedeg ei fysedd/bysedd yn llythrennol dros y nodau duon er mwyn creu'r *glissandi*;
- ffurfir y cordiau ar ddiwedd barrau 43-44 gyda chyfuniad o gyfyngau $4^{yddau}/5^{edau}$ wedi eu pentyrru ar ben ei gilydd, gan greu gwrthdrawiadau 7^{fed} a 9^{fed}.

Hyd yn hyn mae Debussy wedi cyfansoddi adran A (41 bar) ac adran B (6 bar). Er mwyn cloi ei ddarn, mae Debussy yn dod â deunydd cerddorol adran A yn ôl er mwyn creu adeiledd ABA – cynllun syml ac effeithiol. Fodd bynnag, nid yw'n ailadrodd yr adran A wreiddiol nodyn am nodyn; yn hytrach mae'n gwneud amryw o newidiadau syml i'r gwead cyffredinol:

- mae **a**, **b** a **c** yn ymddangos mewn trefn/cwmpas gwahanol;
- mae'n rhaid i'r pianydd dynnu ar ei fedrusrwydd technegol wrth groesi dwylo i chwarae'r *glissandi* a chadw'r alawon yn eglur;
- mae'r marciau dynameg hyd yn oed yn dawelach (*pp* a *piu pp*).

Yn y preliwd *Voiles*, mae'n bosibl gweld pob un o'r prif dechnegau cyfansoddi y cyfeirir atynt yng nghanllawiau asesu mewnol CBAC o fewn cyd-destun Argraffiadol. Dyma nhw:
- dealltwriaeth o gydbwysedd, ffurf a gwead;
- datblygiad syniadau cerddorol;
- rheolaeth ar weadau;
- dealltwriaeth o ddulliau harmonig priodol;
- cysondeb arddull.

Sut ydw i'n canfod y sŵn iawn ar gyfer fy narn Argraffiadol?

Roedd cyfansoddwyr Argraffiadol fel Debussy a Ravel am i berfformiadau o'u cerddoriaeth adlewyrchu ystod eang o liwiau. Wrth ddefnyddio'r gair 'lliw' mewn cyd-destun cerddorol, does dim angen i chi feddwl ymhellach na'r amrywiaeth fawr o seiniau y byddech yn eu clywed mewn cerddorfa lawn o linynnau, offerynnau chwyth, offerynnau pres ac offerynnau taro.

1. Dewiswch adran agoriadol unrhyw ddarn piano gan Claude Debussy.

2. Gwrandewch ar recordiad ddwywaith neu dair ac ysgrifennwch unrhyw sylwadau sydd gennych am y sŵn sy'n cael ei greu ar y piano. Mae'r gair UNRHYW yn bwysig, oherwydd er bod rhywbeth efallai yn ymddangos yn ddibwys i chi, fe allai fod yn berthnasol iawn.

3. Yn benodol, nodwch unrhyw seiniau offerynnol a allai weithio yn eich darn chi.

4. Penderfynwch ar ddau neu dri offeryn (neu fwy os dymunwch; mae hyn hefyd yn dibynnu ar y darn) i weld a fedrwch greu darn i ensemble allan o'r gwreiddiol.

5. Ymunwch â'ch cyd-fyfyrwyr i berfformio'r darn yn ei fformat newydd.

Dyma rai pwyntiau i'ch helpu – dychmygwch drefnu agoriad *Voiles* i offerynnau cerddorfaol:
- ffigur **a** yn cael ei chwarae gan ddwy ffliwt;
- ffigur **b** yn cael ei chwarae gan fas dwbl (plycio/*pizzicato* er mwyn creu'r effaith *staccato*);
- ffigur **c** yn cael ei chwarae gan y fiolas gyda'r sieloau i lawr yr wythfed.

Gan ddefnyddio'r offeryniaeth a awgrymir uchod, byddai'n rhaid i'r pianydd ystyried sut i greu:
- sŵn meddal fel anad (ffliwtiau – ffigur **a**);
- sŵn plycio cyseiniol (basau dwbl – ffigur **b**);
- sŵn cynnes, llyfn, siapus ond tawel iawn (fiola/sielo – ffigur **c**).

Ar y piano rhaid i hyn oll gael ei efelychu dim ond trwy ddefnyddio cyffyrddiad y bysedd, gyda chymorth hanfodol y pedal cynnal a'r pedal gosteg – dyfeisiau a ddefnyddiwyd yn helaeth gan y cyfansoddwyr Argraffiadol.

SUT YDW I'N CYFANSODDI DARN ARGRAFFIADOL DA?

🎵 BRIFF CYFANSODDI

Dyweder eich bod yn penderfynu cyfansoddi darn 4 munud ar ffurf ABA ar gyfer allweddell neu grŵp bach o offerynnau. Fel Debussy, efallai y byddech am ddechrau drwy feddwl am sefyllfa, naws, llun, neu linell o farddoniaeth i seilio eich darn arno/arni.

Yna ystyriwch y tri phwynt canlynol wrth i chi symud drwy'r broses gyfansoddi:

Cynllunio
Creu eich deunydd thematig – themâu/alawon a harmonïau i gyd-fynd, gan ddefnyddio'r technegau Argraffiadol priodol:
- graddfeydd tonau cyfan neu bentatonig;
- ychwanegu 7^{fedau} a 9^{fedau} at gordiau triad syml – gadewch iddynt redeg mewn symudiadau cyfochrog a pheidiwch â theimlo'r angen i'w hadfer drwy ddefnyddio diweddebau;
- rhythmau hyblyg;
- ystod dynameg sy'n dal ysbryd eich darn;
- os ydych yn cyfansoddi ar gyfer allweddell, cofiwch am y swyddogaeth bwysig sydd gan y pedal cynnal yn y gwaith o glymu'r harmonïau ynghyd;
- os ydych yn cyfansoddi ar gyfer grŵp o offerynnau, sicrhewch eich bod yn cyfuno nodau hirion ar draws gweadau sy'n symud yn gyflymach er mwyn creu'r effaith gynnal.

Datblygu
Clymwch eich deunydd cerddorol ynghyd gan ddefnyddio amrywiaeth o weadau. Gofalwch fod gennych ddigon o gyferbyniad yn adran B yn y canol drwy ddefnyddio technegau Argraffiadol NA wnaethoch chi eu defnyddio yn amlwg yn adran A – cofiwch fod y cydbwysedd rhwng cyferbynnu ac ailadrodd syniadau yn allweddol er mwyn creu darn Argraffiadol llwyddiannus.

Ystyried
Wrth i chi gynllunio'r adran olaf, efallai y dylech ystyried yr hyn a gyflawnwyd gennych yn adran A a B, ac yn arbennig:
- sut y gallech chi ddarparu adran olaf gref sy'n cwblhau'r adeiledd teiran (ABA);
- sut i amrywio dychweliad A drwy symud y deunydd cerddorol o gwmpas – newid cwmpas, offeryniaeth (os yn addas), newidiadau mewn dynameg a tempo.

Yn olaf, gwiriwch eich darn terfynol gyda golwg ar ganllawiau asesu mewnol CBAC i weld a ydych chi wedi diwallu'r anghenion.

Mae gweddill y bennod hon yn archwilio gwaith gan gyfansoddwyr Argraffiadol amlwg eraill, ac yn cynnig arweiniad byr i rai technegau offerynnol/cerddorfaol sy'n arbennig o berthnasol i'r arddull Argraffiadol.

Mwy o Argraffiadaeth Ffrengig

Maurice Ravel (1875-1937) sy'n cael y clod am gyfansoddi'r darn Argraffiadol cyntaf i biano yn 1901. Ynddo mae'n cyfleu sŵn dyfroedd yn pistyllio drwy ddefnyddio:
- yr ystod gyfan o saith wythfed ar yr allweddell;
- amrywiaeth enfawr o ffigurau *arpeggio*;
- dull ymlaciol a llyfn o ran rhythm, yn creu darlun o ddŵr rhedegog yn y meddwl.

TRAC 4 Dyma'r 6 bar agoriadol:

Ravel - Jeux d'eau
Tres doux ♪ = 144

Piano

pp

Pno.

Pno.

Pno.

Pno.

Yn wahanol i *Voiles* gan Debussy, prif ganolbwynt tonyddol y gerddoriaeth yw E fwyaf ac fe'i cyfansoddwyd ar ffurf sonata, yn cynnwys dangosiad, datblygiad, ailddangosiad a coda. Fodd bynnag, fel Debussy, mae Ravel yn osgoi pob diweddeb harmonig draddodiadol (e.e. nid yw byth yn symud at gord E fwyaf o'r llywydd) ac mae'n defnyddio pob cyfle i ychwanegu brathiad bach at yr harmonïau:

- drwy gynnwys cordiau 7^{fedau} a 9^{fedau} (gweler y cord agoriadol);
- drwy ddefnyddio graddfa'r tonau cyfan;
- drwy ddefnyddio *arpeggi* a grewyd o glystyrrau o 2^{fedau} mwyaf yn cael eu chwarae dim ond gan y bawd (rhywbeth a ddyfeisiwyd gan Ravel – roedd ganddo fawd mawr!);
- drwy gynnwys, tua diwedd y darn, adran debyg i ddiweddeb lle mae'r llaw dde yn chwarae *arpeggio* F♯ fwyaf ar draws *arpeggio* C fwyaf – gan ymestyn dros yr allweddell gyfan a chreu effaith deugywair:

Ravel - Jeux d'eau: adran Cadenza (rhan o far 72)

Tres rapide

ppp — *fff*

Piano

🎵 *3 cordes*

Argraffiadaeth Gymreig

Fe gyfansoddodd Grace Williams (1906-1977) breliwd fer lawn awyrgylch o'r enw *The Silent Pool*, sy'n creu darlun yn y meddwl o lyn tywyll yn y mynydd (dychmygwch Eryri neu Fannau Brycheiniog). Mae'n dechrau gyda llinell unigol gromatig a chrwydrol. Allan o nodau'r llinell hon mae hi'n datblygu cyfres o harmonïau. Gwrandewch am yr E sy'n swnian yn barhaus yn y llinell fas, yn cyfleu dyfnder y llyn llonydd.

💿 TRAC 5

🎼 BRIFF CYFANSODDI

Cyfansoddwch ddarn o gerddoriaeth wedi ei ysbrydoli gan synau a glywch mewn lle neu sefyllfa arbennig.

- Fe allech chi ddechrau drwy wneud recordiad (ar MP3, iPod, ffôn neu mewn llyfr nodiadau) o synau bob dydd mewn lle cyhoeddus – marchnad, canolfan siopa, parc, yn y mynyddoedd, ar lan y môr.
- Ceisiwch wahanu'r gwahanol synau – ceisiwch osod siâp rhythmig neu felodig arnyn nhw.
- Fe allwch chi wedyn ddatblygu'r syniadau o fewn fframwaith syml (ABA), ac ychwanegu rhai o'ch syniadau eich hun gan ddefnyddio rhai o'r technegau Argraffiadol a amlinellwyd yn y bennod hon.

Cofiwch gadw at y strategaeth tri phwynt – **Cynllunio**, **Datblygu** ac **Ystyried** – a amlinellwyd.

Argraffiadaeth Seisnig

Yn 1914 fe gyfansoddodd y cyfansoddwr enwog o Loegr, Ralph Vaughan Williams (1872-1958), *Romance* ar gyfer ffidil a cherddorfa gyda'r is-deitl *The Lark Ascending*. Yn y darn hwn fe ddefnyddiodd Vaughan Williams lawer o'r technegau Argraffiadol yr oedd wedi eu darganfod tra roedd yn astudio gyda Ravel ym Mharis.

💿 TRAC 6

Gwrandewch ar yr agoriad i weld a fedrwch chi adnabod rhai o'r technegau hyn o'r rhestr a drafodwyd yn gynharach yn y bennod hon. Ysbrydolwyd y darn gan gerdd o waith George Meredith, ac mae'r ffidil unawdol yn cymryd rhan yr ehedydd wrth iddo godi yn uchel uwch y ddaear.

Vaughan Williams - The Lark Ascending

Mae cyflwyniad y gerddorfa yn cynnwys:
- cordiau cyfochrog dros bedal E, gan greu harmonïau 7fed a 9fed;
- y marc dynameg yw *ppp*;
- llinynnau wedi eu mudo.

Mae'r ffidil yn dod i mewn gyda rhywbeth sy'n swnio fel chwarae byrfyfyr rhydd, gan ddechrau yn isel ar yr offeryn a chodi gydag addurniadau gwibiog sydyn yn adleisio adenydd yn ysgwyd. Yr hyn a geir yma mewn gwirionedd yw *cadenza* digyfeiliant (sy'n ailymddangos i gloi y darn).

Nodweddion Argraffiadol i sylwi'n arbennig arnynt:
- mae'r addurniadau ar y ffidil drwy'r ddau *cadenza* wedi eu hadeiladu o nodau'r raddfa bentatonig, sef   D   E   F♯   A   B;
- patrymau tril, motifau lled-hanner-cwafer yn plymio, ac ailadrodd parhaus, i gyd yn pwysleisio'r darlun o'r aderyn yn hedfan;
- nid oes unrhyw linellau bar – fe all yr aderyn hedfan heb unrhyw lyffethair – yn rhydd o unrhyw rythm;
- mae Vaughan Williams yn ychwanegu'r cyfarwyddyd *pp senza misura* – tawel iawn heb unrhyw fydr.

GWRANDO PELLACH

Technegau Argraffiadol yn y gerddorfa

Fe ysbrydolwyd tri 'braslun' symffonig Debussy, *La Mer*, gan ei gariad at y môr. Mae'r symudiad olaf, 'Deialog rhwng y gwynt a'r môr', yn llawn o ddrama a chyffro disgwylgar wrth feddwl am y ddau rym enfawr hwn mewn natur yn mynd benben â'i gilydd.

TRAC 7   Gwrandewch ar agoriad y symudiad hwn.

Fe welwch drosodd ddwy enghraifft o'r symudiad hwn sy'n amlinellu amrywiaeth o dechnegau Argraffiadol gan Debussy.

Sut mae Debussy yn creu teimlad o gyffro cynyddol?

Drwy ddechrau gydag offerynnau isaf y gerddorfa ac adeiladu'r momentwm yn raddol:

Debussy - Dialogue du vent et de la mer (yr 11 bar agoriadol)

Barrau agoriadol:
- timpani a'r *tremolo* yn y drwm bas wedi eu marcio *pp*;
- mae'r tam-tam yn torri ar draws gydag ymosodiadau trawsacen yn *p*;
- mae'r sieloau a'r offerynnau bas yn chwarae ffigur sy'n chwyrnu. Mae ei siâp (yn llithro'n gromatig i fyny ac yna'n llamu i lawr), y rhythm (trawsacen ac ailadrodd sydyn), a'r ddynameg ymchwyddol i gyd yn awgrymu rhywbeth sinistr o waelodion y môr. Mae'r fiolas yn ymuno â nhw rai barrau yn ddiweddarach.

Ffigur 43:

- mae'r offerynnau chwyth yn dod i mewn gyda ffigur cynhyrfus, 7^{fed} sy'n adfer i 7^{fed} arall – mae hyn i gyd yn ychwanegu at y teimlad ansefydlog;
- mae'r cordiau a adeiladwyd o nodau graddfa'r tonau cyfan yn ychwanegu at y teimlad o ollwng gafael;
- o hyn ymlaen ceir sawl enghraifft o offeryn yn dod i mewn gydag acen yn trywanu, ac yna'n distewi i *p/pp* ar unwaith. Mae'r llinynnau uchel yn dod i mewn am y tro cyntaf fel hyn. Sylwch ar y dechneg *tremolo* yn y llinynnau (ysgwyd y bwa ar draws y tant) er mwyn creu tyndra o dan yr wyneb.

Er mwyn gwneud y gorau o'r symudiad gwrthbwyntiol (sy'n adlewyrchu'r grym enfawr sydd ar waith yn y môr a'r awyr), mae Debussy yn rhannu'r rhannau llinynnol unigol yn ddwy neu dair rhan:

Debussy - Dialogue du vent et de la mer (barrau 27-30)

CENEDLAETHOLDEB

PAM CENEDLAETHOLDEB?

Fe dyfodd cenedlaetholdeb – yng nghyswllt cerddoriaeth, a'r 20[fed] a'r 21[ain] ganrif yn benodol – allan o'r angen am deimlad pendant o hunaniaeth gerddorol ymhlith gwahanol genhedloedd y byd. Dechreuodd cyfansoddwyr chwilio am gynhwysion cerddorol oedd yn adlewyrchu nodweddion eu gwlad, eu rhanbarth neu eu grŵp ethnig nhw. Er enghraifft, fe drodd yr Hwngariad Bela Bartok a'r Sais Ralph Vaughan Williams at gerddoriaeth werin eu gwahanol wledydd er mwyn rhoi blas cenedlaetholgar pendant ar eu cyfansoddiadau.

BETH YN UNION YW CERDDORIAETH GENEDLAETHOLGAR FELLY?

Er mwyn cyfansoddi darn o gerddoriaeth genedlaetholgar, mae'n rhaid i rai cynhwysion allweddol fod yn eu lle. Dylech feddwl yn benodol am:
- adlewyrchiadau gwladgarol a diwylliannol;
- dylanwad caneuon a dawnsiau gwerin;
- ffurfiau a syniadau rhaglennol.

Mae llawer o gyfansoddwyr yr 20[fed] a'r 21[ain] ganrif wedi ymateb i'r alwad i gyfansoddi cerddoriaeth sy'n tynnu ar y tri phrif gynhwysyn a amlinellwyd uchod. Yn y bennod hon byddwn yn trafod yn fanwl y dulliau a ddefnyddiwyd ganddynt i integreiddio'r idiomau a'r nodweddion hyn ochr yn ochr ag arddulliau cyfansoddi eraill yr 20[fed] a'r 21[ain] ganrif.

SUT YDW I'N CYFANSODDI CERDDORIAETH GENEDLAETHOLGAR?

Cyn cyfansoddi eich cerddoriaeth genedlaetholgar eich hun, beth am edrych ar rai enghreifftiau o gyfansoddiadau cenedlaetholgar:
- o Gymru;
- o'r Alban;
- o Sbaen.

Cymru – gwlad y gân

Mae gan Gymru etifeddiaeth gyfoethog o gerddoriaeth draddodiadol – yn enwedig cerddoriaeth werin, emynau a cherdd dant (canu cyfalaw ar draws cyfeiliant alaw arall ar y delyn). Fe allwch chi ddefnyddio'r deunydd hwn i greu cyfansoddiadau gydag arlliw Cymreig pendant yn perthyn iddynt.

Mae cyfansoddwyr Cymreig wedi defnyddio deunydd cerddorol traddodiadol mewn sawl ffordd wahanol o fewn eu cyfansoddiadau. Er enghraifft:
- gosod cyfeiliant offerynnol ar gân draddodiadol sy'n cyfleu gwir ystyr y geiriau – peintio geiriau;
- defnyddio cân werin i greu darn offerynnol estynedig, e.e. cyfres o ddarnau byrfyfyr neu set o amrywiadau;

- cymryd ffurfiau strwythurol sefydledig mewn cerddoriaeth draddodiadol Gymreig a'u hehangu er mwyn creu cyfansoddiadau ar raddfa fawr.

Beth am i ni ystyried y rhain yn fwy manwl.

1	**Darparu cyfeiliant offerynnol i gân draddodiadol sy'n adlewyrchu'r stori yn y geiriau**

Mae caneuon gwerin Cymraeg yn cynnig ffynhonnell ardderchog ar gyfer datblygu cyfansoddiadau cerddorol mwy. Dyma rai o'u nodweddion:

- naratif cryf;
- ffurf gyffredinol syml – pennill, cytgan, cyfuniadau amrywiol o adran A a B (weithiau mwy), e.e. ABA, AABA, ABCB;
- strwythur brawddeg gytbwys;
- defnydd helaeth o ailadrodd;
- mae eu cymeriad melodig a harmonig yn dibynnu'n helaeth ar y dewis o raddfa yr adeiledir yr alaw benodol arni – mwyaf, lleiaf, moddol a phentatonig; mae'r graddfeydd hyn yn rhoi digon o gyfle i greu harmonïau cyfeiliannol anarferol drwy adeiladu cyfuniadau fertigol o nodau o fewn y raddfa a ddewiswyd.

Gwelir isod alaw y gân Gymraeg draddodiadol, *Clychau Aberdyfi*.

Dyma rai pwyntiau i'w nodi am yr alaw hon:

- fe'i hadeiladwyd allan o nodau graddfa G fwyaf, ac yn enwedig 3^{ydd} nodyn triad y tonydd (B), lle mae'n dychwelyd yn aml;
- mae yma bennill 4 bar a chytgan 4 bar, pob un yn diweddu gyda diweddeb berffaith;
- mae yma elfen gref o ailadrodd;
- mae'r geiriau yn sôn am glychau.

Er mwyn creu cyfeiliant effeithiol i'r geiriau hyn, fe allech chi ystyried rhai neu bob un o'r pwyntiau uchod. Dyma sut yr aeth Grace Williams (1906-1977) ati yn ei threfniant i lais a phiano:

Ymddengys fod Grace Williams wedi ystyried pob un o'r pedwar pwynt uchod wrth greu ei chyfeiliant:

- mae rhan y piano yn dechrau gyda nodau cord G fwyaf, ond heb 3ydd triad y tonydd (B) – mae hwn yn ymddangos yn amlwg yn yr alaw (gweler uchod). O far 1 mae hi'n ychwanegu nodyn A gan greu cyfres o 5edau agored (G-D-A) sy'n swnio fel clychau'n canu. Sylwch fod Williams yn ychwanegu rhai nodau eraill sy'n ymddangos fel pe na baent yn perthyn – E♭, B♭ – i roi tipyn o sbeis i'r harmoni;
- yn y pennill 4 bar (barrau 3-6), mae Williams yn defnyddio cyfeiliant tryloyw eang o ran cwmpas, gyda digon o drawsacennu a chroesacennu, tra bo'r gwead yn nau far cyntaf y cytgan (barrau 7-8) yn gyfyngedig i ystod o wythfed yn allwedd y trebl;
- nid yw Williams yn cefnyddio dilyniant V-I ar gyfer y diweddebau (barrau 6 a 10) fel yr awgrymir yn y rhan leisiol – yn lle hynny, mae'n well ganddi ddiweddeb IV-I, ond wedi ei newid;
- mae ailadrodd yn nodwedd ganolog o'r cyfeiliant, fel gyda'r alaw;
- ychwanegir cyseiniant pellach i'r 5ed perffaith drwy ddefnydd cyson o'r pedal cynnal.

Mae Pwyll ap Siôn (g. 1968) wedi creu dau fersiwn o'i drefniant o'r gân draddodiadol Gymreig, *Llanast* – ar gyfer llais a phiano a hefyd ar gyfer piano unawdol – lle mae'n mynd ati i adrodd y stori drwy efelychu'r anhrefn yn y cyfeiliant.

TRAC 8

Y stori: gadewir plentyn ar ei ben ei hun – mae ei fam wedi mynd allan i bregethu. Tra ei bod hi allan, mae llanast ac anhrefn yn y gegin:

- mae'r tecell yn berwi'n sych;
- mae wyneb y plentyn yn ddu gan faw;
- mae'r tebot yn colli ei big;
- mae'r jam yn cael ei fwyta i gyd.

Disgrifir yr anhrefn yn eglur yn y geiriau Cymraeg, ond pan edrychwn ar yr alaw wreiddiol, mae'n stori wahanol:

- cyweiriol – cyfansoddwyd yn y cywair mwyaf (A yn y fersiwn hwn);
- ailadroddus;
- gyda rhythm 'siglo' 6/8 syml.

Mae'r symudiad cwafer cyson, gyda marc *staccato*, yn ymddangos yn nerfus a braidd yn gythryblus, ond fel arall nid yw'r alaw ei hun yn adlewyrchu'r anhrefn cynyddol a glywir yn y geiriau.

Yn y cyfeiliant offerynnol hwn mae ap Siôn yn mynd ati i wneud yr anhrefn mor graffig â phosibl, gan ddefnyddio amryw o dechnegau'r 20[fed]/21[ain] ganrif:

- llawer o anghytgordiau;
- gwead od – yn sboncio dros y piano i gyd;
- rhythmau diguriad/trawsacennog;
- newidiadau sydyn mewn dynameg;
- llawer o farciau ynganiad – acenion, *staccatos*.

Dyma yw'r adeiledd cyffredinol:
- cyflwyniad tri bar;
- pennill 1 – barrau 5-20;
- darn piano byr gyda'r cyflwyniad tri bar yn dilyn;
- pennill 2 – barrau 28-49;
- bar 50 – darn byr blodeuog yn rhan y piano.

Mae'r cyflwyniad tri bar yn dechrau gyda phedal E ym mas y piano, yn awgrymu paratoad y llywydd. Fodd bynnag, mae ap Siôn yn taflu rhai 7fedau a 5edau anghytgordiol i mewn yn rhan y trebl ac mae'r anhrefn wedi dechrau!

Adeiledd AABA sydd i'r alaw ei hun – os ydym yn edrych ar yr ymddangosiad cyntaf (wedi ei farcio fel barrau 5-20 yn y sgôr):

Adran	Alaw	Cyfeiliant
A (barrau 4-8)	Ym mas y gwead	Cwaferi *staccato* ar y prif guriadau yn ffurfio harmonïau diatonig gyda'r alaw.
A (barrau 9-12)	Yr alaw yn symud i'r trebl	Pethau'n dechrau mynd o chwith – y cordiau'n dechrau gwrthdaro (sylwer ar yr holl nodau ym mar 10), ac yn ymddangos ar guriadau afreolaidd.
B (barrau 13-16)	Yr alaw yn symud i'r trebl uchel	Y cyfeiliant yn efelychu'r alaw. Mae amlygrwydd 5ed nodyn A fwyaf (E) yn y bas yn rhoi teimlad ansefydlog i'r gwead – sylwch ar yr anghytgord cromatig eithafol ym marrau 15-16.
A (barrau 17-20)	Yn cael ei ysgrifennu bellach mewn wythfedau	Cwaferi *staccato* barrau 4-8 yn dychwelyd, ond ymhell oddi wrth ei gilydd, (10fedau, 13egau a 15fedau).

Mae enghreifftiau pellach o beintio geiriau yng ngweddill y darn yn cynnwys:
- Mae'r interliwd piano (bar 21 ac ati) yn cyflwyno elfen ddeugywair lle mae'r llaw dde yn taro nodau adran B yr alaw, yma wedi ei thrawsgyweirio o'r A fwyaf wreiddiol i fyny hanner tôn i B♭ fwyaf, tra bo'r llaw chwith yn taro 5ed cywasg E-B♭ – yr anghytgord mwyaf posibl!
- Ar ddechrau pennill 2, mae'r plentyn yn cwyno am orfod gweithio'n galed am oriau – mae ap Siôn yn dyblu'r cwaferi yn yr alaw i greu crosietau – ac felly yn y diwedd mae gennym grwpiau o dri chwafer 6/8 yn troi yn dri grŵp o grosietau, h.y. mae'r llais yn swnio fel petai'n methu dal i fyny, ac yn canu mewn 3/4 gyda'r cyfeiliant mewn 6/8.

BRIFF CYFANSODDI

Dewiswch gân Gymraeg draddodiadol a chyfansoddwch gyfeiliant offerynnol iddi. Mae rhai awgrymiadau ar dudalen 28.

1. *Bugeilio'r Gwenith Gwyn* – bachgen ifanc yn sôn am gariad diniwed; wedi'i gosod mewn cywair mwyaf gydag adeiledd brawddegau ABCB; telynegol o ran natur.
2. *Lisa Lân* – sôn am gariad a cholled; wedi'i gosod yn y modd micsolydiaidd (gyda 7^{fed} wedi'i feddalu); tynfa gref rhwng y cordiau mwyaf a lleiaf. Adeiledd brawddegau ABBA.
3. *Dafydd y Garreg Wen* – trist; wedi'i gosod yn y cywair lleiaf; teimlad cryf o ddau begwn tonydd-llywydd a hefyd trawsgyweiriad i'r cywair perthynol mwyaf hanner ffordd drwodd, a dychwelyd i'r lleiaf i gloi.
4. *Deryn y Bwn o'r Banna* – egnïol a llawn bywyd; wedi'i gosod yn y cywair mwyaf ac amseriad cyfansawdd.

Wrth i chi gynllunio'ch cyfeiliant, ystyriwch y cwestiynau canlynol:

- Sut y gall y cyfeiliant gyfleu naws/cymeriad/stori y geiriau?
- Sut mae creu amrywiaeth rythmig – rheolaidd/afreolaidd, rhythm rhydd, curiad cyson neu newidiadau i'r amseriad?
- Dewis o iaith harmonig – cyweiriol, deugywair, digywair/cromatig?
- Gwead – cordiol, defnydd o *arpeggi*, gwrthbwyntiol?
- Offeryniaeth – piano unawdol/telyn/organ neu ensemble siambr?
- Sut y medrwch chi gynnal cydbwysedd rhwng ailadrodd/cyferbyniad mewn penillion dilynol?
- Os yw'r gân yn stroffig, sut mae amrywio'r cyfeiliant o bennill i bennill?

2 | **Defnyddio cân werin fel sail i greu darn offerynnol estynedig / Creu amrywiadau gan ddefnyddio deunydd gwerin**

Mae *Three Welsh Folk Songs* gan Ceiri Torjussen (g. 1976) yn gyfansoddiadau piano meistrolgar. Seiliwyd y trydydd o'r rhain, *Oes Gafr Eto?*, ar gân hwyliog sy'n arbennig o boblogaidd gyda phlant.

TRAC 9

Ffurf y gân yw pennill-cytgan (AB). Yn draddodiadol, dylai pob cytgan fynd ar dempo rheolaidd ac araf, gyda phob pennill yn mynd yn gyflymach gyda phob ymddangosiad (ychwanegir gafr o wahanol liw bob tro). Erbyn y diwedd, mae pawb yn baglu dros ei gilydd i geisio dweud y geiriau ar gyflymder mawr. Mae Torjussen yn defnyddio hyn i adeiladu'r cyffro yn ei gyfansoddiad 4 munud.

Drwy amrywio natur felodig, rythmig, harmonig a dynamig pob pennill/cytgan, mae'n creu set o amrywiadau dychmygus sy'n adlewyrchu amrywiaeth o dechnegau'r 20^{fed}/21^{ain} ganrif.

Alaw
Mae hon yn ymddangos yn y cytgan cyntaf mewn ffigur o nodau ailadroddus sy'n trydar (barrau 1-5); mae'r pennill cyntaf yn fersiwn syml (barrau 27-31). Mae fersiynau diweddarach yn cael eu camystumio gan neidiadau mawr (barrau 68-70), cyfuniadau cordiol sy'n ddeugywair (barrau 90-91), a ffigurau *arpeggio* lle mae'r alaw ym mas pob *arpeggio* (barrau 111-112).

Cytgan 1

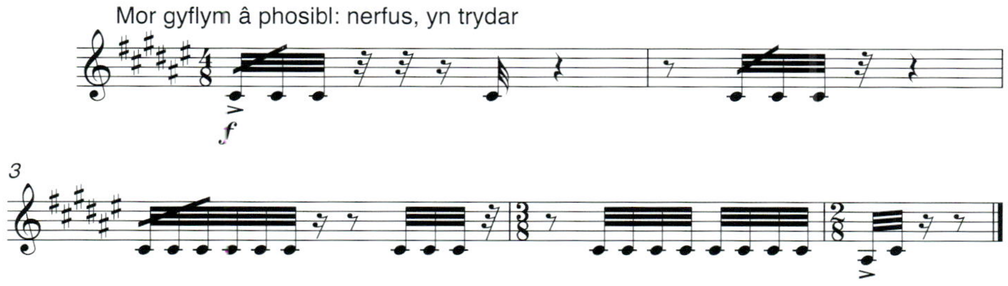

Pennill 1

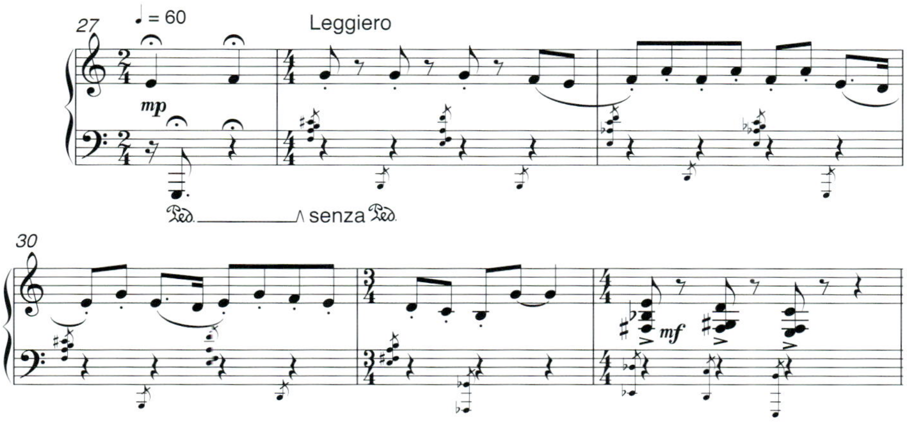

Pennill 3

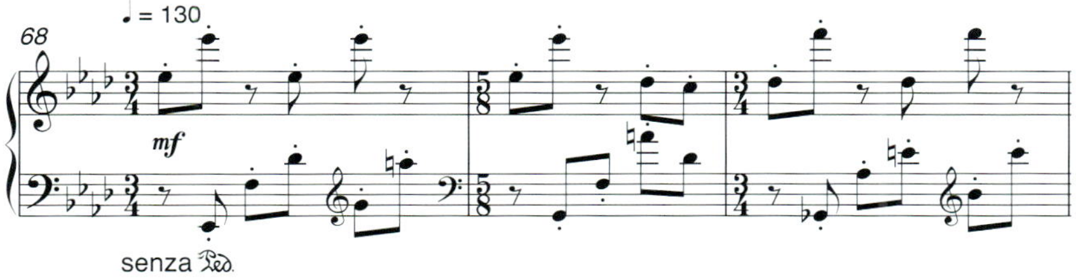

Cytgan 4

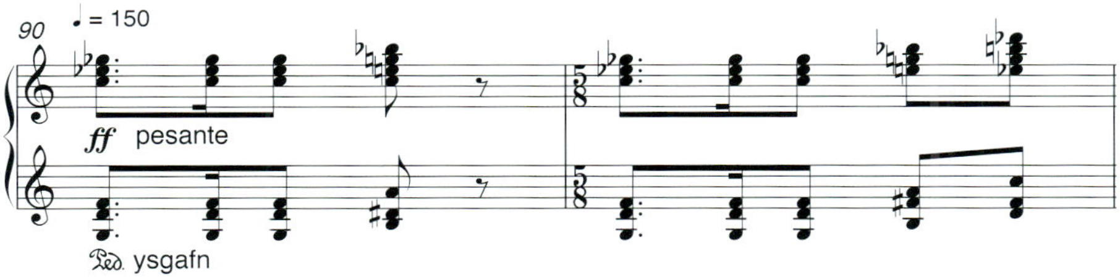

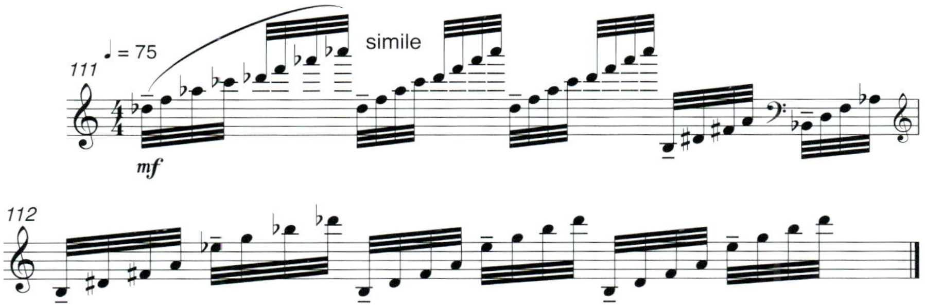

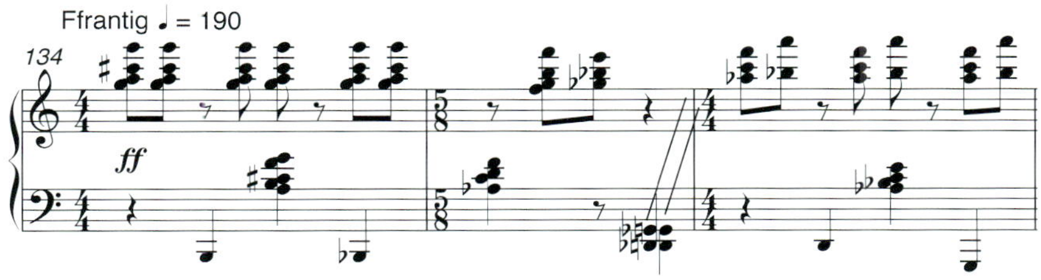

Rhythm

- Mae'r cytganau yn rhydd o ran rhythm, yn defnyddio ffiguraeth *tremolo*, darnau bach prysur cromatig ac ailadrodd dros bedal cynnal;
- Mae teimlad o rythm cryf i'r penillion, lle mae cyfeiliannau cordiol llaw chwith yn ymddangos mewn trawsacen, fel *acciaccature* (barrau 27-31), llinellau camu yn y bas, gweadau efelychiadol gyda neidiadau mawr (barrau 68-70);
- Mae'r arwydd amser yn newid yn aml drwy gydol y darn.

Harmoni

Cyfansoddwyd y cytgan cyntaf a'r pennill mewn cyweiriau sy'n gwrthdaro, gyda thrithon o fwlch rhyngddynt – F♯ fwyaf (bar 1) ac C fwyaf (bar 27 ac ati); mae'r trithon yn ymestyn i'r ail gytgan a phennill – E fwyaf a B♭ fwyaf. Wrth i'r darn fynd rhagddo, aiff cyweiredd i'r gwynt – mae clystyrau deugywair yn ymddangos ac mae'r anghytgord yn cynyddu yn unol â marciau'r cyfansoddwr – 'mynd yn fwy gwyllt yn raddol' ac yn olaf 'ffrantig' (barrau 134-136).

Dynameg/Ynganiad

Mae llawer o farciau ynganiad – *staccatos*, acenion – sy'n helpu i acennu'r rhythm drwy'r newid mynych mewn arwydd amser, patrymau trawsacennog a newidiadau tempo.

BRIFF CYFANSODDI

Cyfansoddwch ddarn byrfyfyr rhydd neu set o amrywiadau ar alaw Gymreig ar gyfer offeryn unawdol neu gyfuniad siambr.

Dewiswch emyn-dôn neu gân werin adnabyddus a chyfansoddwch eich set eich hun o gordiau i gyfeilio i'r alaw/llinell. Ceisiwch fynd at hyn o safbwynt 20fed/21ain ganrif drwy ddefnyddio ystod eang o arddulliau harmonig:

- harmoni triadaidd traddodiadol gyda 6edau a 7fedau wedi eu hychwanegu i roi teimlad cyfoes iddo;
- harmonïau sy'n osgoi unrhyw deimlad o ganolbwynt tonyddol – diweddebau anarferol (e.e. osgoi diweddeb V-I perffaith) – technegau digywair;
- torrwch y cordiau i fyny yn gyfeiliannau ar ffurf *arpeggi*.

Peidiwch â syrthio i'r fagl o gopïo harmonïau y gân werin – fydd hyn ddim yn gwneud argraff ar yr arholwyr! Mae gwreiddioldeb, cyferbyniad, amrywiaeth a rhagor o ddatblygu o bennill i bennill hefyd yn bwysig – cadwch draw oddi wrth y dechneg 'torri a gludo'!

Os ydych yn penderfynu cyfansoddi set o amrywiadau, edrychwch ar strwythur cyfyngau yr alaw wreiddiol yn ofalus:

- cymerwch ddarnau bach o syniadau ohoni (e.e. cyfwng arbennig rhwng dau nodyn) fel sail i ddatblygu amrywiadau;
- newidiwch yr arwydd amser drwy ehangu'r nodau pwysicaf yn y frawddeg;
- adeiladwch eich cordiau drwy ddefnyddio cyfuniadau fertigol amrywiol o nodau.

---

3 | **Cymryd ffurfiau strwythurol sefydledig mewn cerddoriaeth draddodiadol Gymreig ac ehangu arnynt**

Yn ei chyfres o ddarnau cerddorfaol o'r enw *Penillion*, mae Grace Williams wedi mynd ati i ail-greu y traddodiad o ganu cyfalaw osodedig neu fyrfyfyr i gyfeiliant alaw ar y delyn yng nghyswllt cerddorfa symffoni. Mae'r dull unigryw o ganu a elwir yn gerdd dant neu 'ganu penillion', yn gosod pwyslais arbennig ar gydchwarae rhythmig ar eiriau. Mae'r alaw, neu'r gainc, bob amser mewn dwy ran (A a B) ac mae adeiledd harmonig cryf iddynt, yn seiliedig ar fformiwlâu diweddebau diatonig (mae pob adran yn cloi gyda diweddeb berffaith).

TRAC 10

Yn *Penillion*, mae Williams wedi cadw amryw o elfennau creiddiol 'canu penillion'. Er enghraifft, yn y symudiac cyntaf:

- cenir yr alaw gan y llinynnau a'r delyn;
- yr offerynnau unawdol sy'n bennaf cyfrifol am y gyfalaw, yr offerynnau chwyth yn arbennig, a ffefryn personol Williams, y trwmped.

Drwy osod idiom cerdd dant mewn cyd-destun cerddorfaol, fe all Williams archwilio lliwio offerynnol ar raddfa eang:

- mae'r llinynnau yn chwarae mewn rhythmau nodau hirion, rhai ar y curiad, rhai'n drawsacennog, ond bob amser yn rhoi sail i'r adeiledd harmonig;

- mae gan y delyn ostinato sy'n symud yn gyflym, sy'n creu symudiad mewnol i gordiau'r llinynnau;
- mae gan linellau'r gyfalaw eu siâp rhythmig eu hunain, yn dod i mewn ar guriad gwan i fyny, gyda nodyn byr yn cael ei bwysleisio ar linell y bar, a thrawsaceniad hir ar y drawsacen sy'n dilyn.

Yn y symudiad cyntaf, mae Williams yn cyfansoddi pum pennill/cytgan ar y model cerdd dant. Mae pob pennill yn para tua 20 bar. Mae teimlad diweddebol cryf i'r harmonïau, wedi eu gwreiddio yng nghordiau I, IV a V F fwyaf yn y ddau bennill cyntaf. Fodd bynnag, fel yn ei threfniant o *Glychau Aberdyfi*, mae hi'n ychwanegu nodau cromatig at y cordiau diatonig er mwyn creu awgrym o anghytgordiau:

- ychwanegu 6^{ed} lleiaf (D$\flat$) at y cord tonydd agoriadol;
- 4^{ydd} llonnod (F$\sharp$) at gord V (cord mwyaf).

Mae'r trydydd pennill, yn y canol, ar ffurf adran ddatblygu fechan:

- mae'r ostinato telyn rhythmig yn diflannu (ac yn ailymddangos yn y pedwerydd pennill);
- mae'r llinynnau yn awr yn cymryd drosodd ffiguraeth y delyn mewn dull mwy cromatig ac mewn unsain yn y tair rhan;
- caiff sawl perthynas newydd rhwng cyweiriau eu harchwilio – F-B leiaf (4^{ydd} llonnod oddi uchod ac yna yn disgyn i A$\flat$ fwyaf, 3^{ydd} lleiaf rhwng y ddau gywair blaenorol).

🎹 BRIFF CYFANSODDI

Defnyddiwch arfau cerdd dant – cyfeiliant y gainc gyda chyfalaw addas – i greu cyfansoddiad estynedig ar gyfer cerddorfa/ensemble siambr.

Drwy ddilyn esiampl Grace Williams, fe allech chi greu swyddogaeth benodol i rai grwpiau offerynnol penodol (llinynnau/chwythbrennau/pres/offerynnau taro). Ceisiwch ddefnyddio amrywiaeth o dechnegau offerynnol er mwyn creu effeithiau anarferol, megis:

- llinynnau – wedi eu tawelu, *pizzicato*, *col legno* (defnyddio pren y bwa i dapio'r llinynnau), chwarae'n agos at bont yr offeryn i greu sŵn llawn tyndra, chwarae harmonics;
- chwythbrennau – wedi eu tawelu/heb eu tawelu, chwarae mewn unsain neu wythfed ar wahân, clymu gwahanol offerynnau mewn unsain, e.e. ffliwt a baswn;
- offerynnau taro – digonedd o seiniau ar gael yma, yn dibynnu ar natur eich deunydd/stori wreiddiol;
- telyn – *glissandi*, harmonics.

Cenedlaetholdeb y tu allan i Gymru – chwilio am ysbrydoliaeth yn ehangach

Beth am i ni edrych ar genedlaetholdeb yng ngherddoriaeth cyfansoddwyr o'r tu allan i Gymru, a dylanwad offerynnau 'cenedlaethol' traddodiadol yn arbennig.

Yr Alban – y sachbib

Mae Judith Weir (g. 1954) yn aml yn edrych yn ôl ar hanes canoloesol a straeon a cherddoriaeth ei gwreiddiau yn yr Alban am ysbrydoliaeth. Yn ei thriawd llinynnol byr tri symudiad (i ffidil, fiola a sielo, a gyfansoddwyd yn 1984), mae hi'n mynd ati i efelychu sŵn y sachbib Albanaidd, sy'n esbonio'r teitl, *The Bagpiper's String Trio*. Dim ond am chwe munud mae'r tri symudiad, a enwir yn 'Salute', 'Nocturne' a 'Lament', yn para, ac maen nhw'n ffurfio opera offerynnol fer yn seiliedig ar fywyd James Reid, chwaraewr sachbib ym myddin y Jacobiaid, a ddaliwyd ac a ddienyddiwyd gan y Saeson yn 1746 ar ôl i farnwr benderfynu bod y sachbib yn arf peryglus.

? Sut mae disgrifio sain y sachbib? Drôn (nodyn pedal isel) wedi ei diwnio i A/B♭, gyda'r pibydd yn chwarae'r alaw uwch ei ben. Fel arfer, cwmpas y nodau yw 9^{fed} gyda 7^{fed} wedi ei feddalu – gan ddefnyddio graddfa y modd micsolydiaidd:

B♭   C   D   E♭   F   G   A♭   B♭

(Os ydych am glywed darn adnabyddus o gerddoriaeth sachbib, does dim rhaid edrych ymhellach na *Scotland the Brave*, a chwaraeir yn aml mewn gemau rygbi rhyngwladol yn yr Alban.)

Dyma rai o nodweddion cerddorol yr alawon sachbib:
- mae teimlad rhythmig cryf yn perthyn iddynt, a phwyslais pendant yn cael ei roi ar y patrymau dot – patrymau byr/hir sy'n neidio o gwmpas – cyfeirir at hyn fel y 'cipiad Albanaidd' (*Scottish snap*);
- mae cyfwng harmonig 5^{ed} agored yn nodwedd amlwg;
- gan fod y drôn yn aros yr un fath drwy'r amser, mae'n hawdd olrhain strwythur cân o safbwynt cyfyngau;
- yn olaf, mae'r sain ei hun mor hawdd ei hadnabod: yn agored, yn gras ac yn arswydus.

🔘 TRAC 11

Er bod Weir yn ehangu ar gwmpas cyfyngau y sachbib wrth gyfansoddi ar gyfer llinynnau, mae hi'n llwyddo i gadw tinc y sachbib:
- drwy gadw'r *vibrato* i'r lleiaf posibl er mwyn creu sain eglur;
- drwy ddefnyddio llinynnau agored i bwysleisio'r ansawdd glân, ffres;
- mae'r cydbwysedd rhwng alaw y sachbib (sielo) a'r amrywiaeth fawr o effeithiau/ cyffyrddiadau a ddefnyddir gan yr offerynnau sy'n cyfeilio yn rhoi teimlad o dirlun ac ehangder i'r holl symudiad – yn creu darlun o bibydd unig yn chwarae ei alaw ar draeth gwyntog yng ngogledd yr Alban.

Yn y symudiad olaf, mae'r cyfeiliant ffidil a fiola yn dynodi diwedd adran gyda 5^{edau} agored, ac yn chwarae ffigurau *tremolo* o dan linell y sielo. Mae alaw y sielo yn adlewyrchu'r cipiad Albanaidd wrth lamu yma ac acw, a'r nodau byrion yn swnio fel *acciaccature*.

Sbaen – gitarau, castanetau ac offerynnau taro

Gwlad o gyferbyniadau yw Sbaen – tirlun dramatig, lliwiau llachar, haul tanbaid. Mae'r Sbaenwyr yn bobl angerddol ac mae eu diwylliant yn adlewyrchu llawenydd a phoenau bywyd, yn enwedig eu cerddoriaeth, sy'n unigryw yn yr ystyr iddo gael ei ddylanwadu'n drwm gan arddulliau Ewropeaidd a diwylliant y Mwriaid o Ogledd Affrica.

Mae'r *Saith Cân Boblogaidd* gan Manuel de Falla (a gyhoeddwyd yn 1925) yn cynnwys caneuon gwerin a dawnsiau o wahanol ranbarthau Sbaen.

🔘 TRAC 12

Daw *Jota*, dawns gyflym mewn amser triphlyg, o ranbarth Aragon yng ngogledd ddwyrain Sbaen – fe'i perfformir fel arfer gan gyplau i gyfeiliant castanetau. Mae fersiwn de Falla ar gyfer llais a cherddorfa yn creu darlun o Sbaen yn ein dychymyg o'r dechrau:
- daw'r sieloau i mewn gyda rhythm o dripledi cyflym yn cael eu chwarae mewn arddull *spiccato* (symudiad *staccato* cyflym mewn un bwa), sy'n creu darlun o ddawnswraig gyda'i sgert yn chwyrlïo;
- mae pâr o gastanetau wedyn yn cydio yn y rhythm tripledi;
- daw'r llinynnau i gyd i mewn yn chwarae cordiau *arpeggio* eang sy'n adleisio gitâr yn strymio – mae'r ddynameg yn codi, yn rhagfynegi ymddangosiad y llais;

- mae'r llinell leisiol yn llawn angerdd gyda nodau'n cael eu dal am hir a ffigurau addurnol/tripledi byrion.

Mewn cyferbyniad llwyr, mae'r gân *Polo* yn creu darlun o gerddoriaeth *flamenco* sipsiwn Andalusia. Mae'r gantores yn disgrifio tristwch yn ei chalon a stori garu drychinebus – dyn wedi ei bradychu:

- ehangir yr adran daro i gynnwys blociau pren (clecian traed mewn dawns) a thambwrinau (i gadw rhythm y ddawns);
- mae prif gorff y gerddorfa yn chwarae'r rhythmau triphlyg a'r nodyn ailadroddus yn ffyrnig – er ei fod mewn amser triphlyg, mae de Falla yn chwarae gyda'r acenion bob dau guriad, gan greu effaith hemiola (trawsrythm); maen nhw'n swnio fel un gitâr enfawr!;
- mae'r llais yn mynegi poen gyda nodau'n cael eu dal yn hir (heb *vibrato*), gydag adrannau estynedig o nodau addurn cyflym; mae'r sain bron yn gras o ran ansawdd, yn adlewyrchu chwerwedd y geiriau.

TRAC 13

SUT YDW I'N CYFANSODDI DARN CENEDLAETHOLGAR DA?

Er mwyn sicrhau bod blas cenedlaetholgar pendant i'ch cyfansoddiad, mae angen i'r gerddoriaeth ei hun adlewyrchu teimlad cryf o hunaniaeth. Er enghraifft, os ydych yn penderfynu cyfansoddi mewn arddull Hwngaraidd, mae angen i chi ystyried yr agweddau canlynol o gerddoriaeth Hwngaraidd draddodiadol wrth greu eich deunydd cerddorol:

- alawon a harmonïau yn cael eu creu drwy ddefnyddio cyfuniadau anarferol o nodau, e.e. graddfeydd pentatonig a moddol, cyfyngau estynedig;
- rhythmau yn seiliedig ar rythmau'r iaith Hwngaraidd a phatrymau dawnsio Hwngaraidd;
- seiniau sy'n adlewyrchu offerynnau Hwngaraidd traddodiadol, megis y simbalom.

Mae cysondeb arddull yn gwbl angenrheidiol ar gyfer darn cenedlaetholgar.

BRIFF CYFANSODDI

Cyfansoddwch gyfres o ddarnau byrion cyferbyniol gan ddefnyddio arddull a thechnegau cerddorol unrhyw genedl, rhanbarth neu grŵp ethnig arbennig. Yn union fel y cyfansoddwyr o Gymru, yr Alban a Sbaen, fe allwch chi dynnu ar ystod eang o syniadau cerddorol ac angherddorol ar gyfer eich cyfansoddiad.

Dyma rai awgrymiadau defnyddiol i'ch helpu i fynd ati:

Cynllunio
Penderfynwch ar thema i'ch darn gan ddefnyddio, er enghraifft:
- chwedl Gymreig, chwedl Seisnig;
- arddull gyfansoddi arbennig, e.e.:
  - pâr o ddawnsiau cyferbyniol megis y 'Verbunkos' Hwngaraidd;
  - patrwm strwythurol y cerdd dant Cymreig;
- offerynnau traddodiadol, e.e. y delyn deires Gymreig, y crwth, pibgorn, y sachbib Albanaidd/Wyddelig, castanetau Sbaenaidd, drymiau Affricanaidd.

Ewch ati i greu eich deunydd thematig – themâu/alawon a harmonïau sy'n defnyddio graddfeydd, rhythmau a gweadau addas ar gyfer yr arddull genedlaetholgar a ddewiswyd gennych. Bydd yr enghraifft Hwngaraidd uchod yn rhoi rhyw syniad i chi sut i fynd ati.

Datblygu

Ar ôl rhoi stamp cenedlaetholgar pendant i'ch deunydd cerddorol wrth wneud eich cynllun, gwnewch yn siŵr eich bod yn datblygu'r syniadau. Does dim rhaid i chi lynu at y technegau cenedlaetholgar drwy'r amser – mae'r angen am 'deimlad cryf o hunaniaeth genedlaethol' hefyd yn caniatáu i chi ddefnyddio technegau eraill o'r 20^{fed}/21^{ain} ganrif er mwyn datblygu syniadau. Er enghraifft, mae'r cerddor Hwngaraidd Bartok yn defnyddio alawon gwerin yn llawer o'i gyfansoddiadau ond mae'n defnyddio amrywiaeth fawr o ddyfeisiadau i amrywio'r deunydd gwreiddiol, megis newidiadau mewn rhythm a chyfuniadau deugywair.

Gwyliwch rhag ailadrodd yr un deunydd, yn enwedig os ydych yn cyfansoddi ar ffurf thema ac amrywiadau neu stroffig. Mae'n bwysig cynnig elfennau cyferbyniol er mwyn cadw'r deunydd gwreiddiol yn ffres!

Ystyried

Ar yr adeg hon efallai fod angen i chi wneud rhestr o'r holl gynhwysion cerddorol a ddefnyddiwyd i greu eich cyfansoddiad. Gofynnwch i'ch hun:

- Ydw i wedi defnyddio digon o ddeunydd traddodiadol i roi teimlad cenedlaetholgar cryf i'r darn?
- Ydw i wedi datblygu'r deunydd hwn – a oes gormod o ailadrodd yr un syniadau heb amrywiaeth?
- Pa dechnegau eraill o'r 20^{fed}/21^{ain} ganrif fedraf i eu defnyddio i roi mwy o amrywiaeth i'r darn?

Yn olaf, ewch dros eich darn terfynol gyda golwg ar ganllawiau asesu mewnol CBAC i weld a ydych chi wedi diwallu'r anghenion.

GWRANDO PELLACH

Lloegr	Benjamin Britten: *Folk Song Settings* (amryw)	
Hwngari	Bela Bartok: *Contrasts* (clarinét, ffidil a phiano)	
UDA	Charles Ives: *The Circus Band* (canwr a phiano)	
Affrica	David Fanshawe: *African Sanctus* (unawd soprano, côr SATB, piano, tâp Affricanaidd a dau neu dri chwaraewr taro)	
Japan	Toru Takemitsu: *Garden Rain* (ensemble pres)	

NEOGLASURIAETH

PAM NEOGLASURIAETH?

Pan ddefnyddir y term 'Neoglasuriaeth' yng nghyswllt cerddoriaeth fe olygir cyfnod penodol rhwng y ddau Ryfel Byd, sef 1918-1945. Wrth ymateb i'r holl fywydau a gollwyd yn y Rhyfel Byd Cyntaf fe drodd cyfansoddwyr eu cefnau ar gerddoriaeth y cyfnod hyd at hynny – roedd yr arddull Ramantaidd o gyfansoddi gyda'i bwyslais ar harddwch a chariad, teimladau a didwylledd, yn rhy boenus i ddynoliaeth fedru dygymod ag ef. Yn lle hynny, dyma gofleidio arddull gyfansoddi wedi ei dinoethi, heb ddim ond yr hanfodion moel – cerddoriaeth arddulliadol, lythrennol, eironig a oedd yn bodoli er ei mwyn ei hun ac nid fel cyfrwng i gyfleu emosiynau dynol.

Er mwyn canfod ysbrydoliaeth penderfynodd cyfansoddwyr edrych yn ôl ymhellach mewn hanes, i'r 18fed ganrif, er mwyn ailgysylltu gyda'r modelau Baróc a Chlasurol o gyfansoddi a oedd yn syml ac uniongyrchol, heb unrhyw 'fraster'. Eglurdeb a chydbwysedd o ran ffurf ac adeiledd oedd y prif angenrheidiau ar gyfer creu iaith gerddorol a oedd yn medru siarad yn uniongyrchol gyda phobl gyffredin oedd angen gosod pellter rhyngddynt eu hunain a dioddefaint emosiynol.

BETH YN UNION YW NEOGLASURIAETH FELLY?

Er mwyn cyfansoddi darn o gerddoriaeth Neoglasurol, rhaid gosod cynhwysion cerddorol allweddol yn eu lle. Dylech feddwl yn arbennig am:
- gerddoriaeth absoliwt;
- sylw i grefftwaith a chydbwysedd, gyda dylanwad y cyfnodau Baróc a Chlasurol ar y ffurf a'r adeiledd;
- technegau gwrthbwyntiol a ffiwgaidd.

SUT YDW I'N CYFANSODDI CERDDORIAETH NEOGLASUROL?

Er mwyn eich helpu i gyfansoddi darn Neoglasurol, fe rannwyd y bennod hon yn dair adran neu dri cham. Mae pob cam yn golygu casglu gwybodaeth a syniadau drwy archwilio gweithiau Neoglasurol penodol. Ar ddiwedd pob adran fe gewch dasgau arbennig i weithio arnynt. Maen nhw'n cynnwys:
- ailweithio neu drefnu darn Clasurol o gerddoriaeth mewn arddull Neoglasurol;
- cynhyrchu darn Neoglasurol mewn idiom gymharol gyweiriol, gonfensiynol;
- cyfansoddi darn Neoglasurol sy'n dangos defnydd datblygedig o dechneg.

Fe welir adran fer yn amlinellu'r elfennau Neoglasurol yn y gwaith gosod *Concerto yn G*, gan Maurice Ravel, ar ddiwedd y bennod hon.

| 1 | **Dechrau o'r dechrau: aildrefnu cerddoriaeth o'r 18fed ganrif i greu darn Neoglasurol** |

Bydd y rhan fwyaf ohonoch yn gwybod am yr enwog *Gymnopédie* i biano gan y Ffrancwr, Erik Satie. Yn 1917 fe gyfansoddodd ddarn byr tri symudiad o'r enw *Sonatine Bureaucratique*.

Mae'r teitl 'Sonatina' yn cyfeirio at sonata fechan, yn yr achos hwn, cyfansoddiad tri symudiad (cyflym-araf-cyflym) yn para 4 munud. Er mwyn ei helpu yn y broses, penderfynodd Satie gymryd sonatina gan y cyfansoddwr Eidalaidd, Muzio Clementi, fel model. Mae'r canlyniad yn gymysgedd rhyfedd o elfennau Clasurol (Clementi) a chyfoes (Satie) – darn o gerddoriaeth gwir Neoglasurol.

TRAC 14+15

Beth am i ni gymharu 8 bar cyntaf y ddau symudiad cyntaf i weld y tebygrwydd a'r gwahaniaethau.

1.

Clementi - Sonatina yn C fwyaf: Symudiad 1af (barrau 1-8)

2.

Satie - Sonatine Bureaucratique (barrau 1-8)

Mae'r tabl isod yn disgrifio prif nodweddion pob darn.

ELFENNAU	CLEMENTI	SATIE	SYLWADAU
Cywair	C fwyaf	A fwyaf	Y ddau yn gyweiriol
Arwydd amser	4/4	4/4	Tebyg
Tempo	*Allegro*	*Allegro*	Tebyg
Gwead	Gwead syml mewn dwy ran – pwyslais ar C (tonydd) a G (llywydd) yn y llaw chwith.	Gwead dwy ran – y ddwy law yr un mor bwysig â'i gilydd.	Mae Clementi yn pwysleisio harmonïau diweddebol tonydd a llywydd – nodweddion allweddol ffurf y sonata Glasurol. Mae Satie yn anwybyddu hyn, a dewis gwead gwrthbwyntiol llinellol lle mae'r ddwy ran wedi eu cyplysu o ran rhythm ond yn annibynnol ar ei gilydd o ran harmoni.
Adeiladwaith y frawddeg	Brawddeg 4 bar wedi ei hadeiladu o batrymau graddfa/*arpeggio*. Rhythm sym mewn crosietau a chwaferi.	Tebyg	Mae Clementi yn glynu at reolau cyseinedd ar y cyfan. Mae Satie yn gadael i'r rhannau symud i mewn ac allan o anghytgordiau (e.e. ar ddiwedd bar 2 ac ati).

? Beth sy'n gwneud i _Allegro_ Satie swnio'n 'Neo' o'i gymharu â chyfansoddiad gwreiddiol 'Clasurol' Clementi?

Y gwahaniaeth allweddol yw hyn: nid yw Satie yn trafferthu i gynnal y seiniau cyseiniol a dilyn rheolau ffurf y sonata Glasurol.

Mae Clementi yn osgoi anghytgordiau costied a gostio, mae'n pwysleisio'r tonydd a'r llywydd drwy gydol y darn ac yn defnyddio diweddebau perffaith i ddynodi diwedd pob adran.

Mae Satie yn gadael i'r gerddoriaeth grwydro'n rhydd o fewn strwythurau brawddeg sy'n swnio ac yn teimlo'n Glasurol, ond sydd mewn gwirionedd yn llawn o anghytgordiau ('nodau anghywir') na fyddai'n dderbyniol o gwbl yn nyddiau Clementi.

🎹 Chwaraewch drwy farrau agoriadol pob darn a gwrandewch am y gwahaniaethau hyn.

Yn y symudiad cyntaf ymddengys fod Satie yn defnyddio adeiledd tair rhan y sonata Glasurol, sef dangosiad, datblygiad ac ailddangosiad. Fodd bynnag, wrth edrych yn fanylach, nid oes unrhyw synnwyr cyfeiriad yn adran y datblygiad (dim archwilio cyweiriau sy'n perthyn i'w gilydd), ac nid yw'r diweddebau normal yn cael eu diffinio yn yr ystyr Clasurol, sef V-I (perffaith) neu IV-I (eglwysig). Mae Satie yn defnyddio ailadrodd peiriannol i greu teimlad o ddiffyg datblygiad, a chyrraedd pwyntiau diweddeb heb unrhyw baratoad fel bod y diweddebau yn ymddangos yn amherthnasol (e.e. barrau 33-34). Mae'r effaith yn eironig, yn rhyfedd ac yn ddigon difyr!

Satie - Sonatine Bureaucratique (barrau 24-35)

I grynhoi, mae Satie yn parchu rhai o reolau ffurf y sonata wrth gyfansoddi ei ddarn Neoglasurol, ond mae'n cael hwyl am ben Clementi drwy anwybyddu'r rheolau eraill yn fwriadol.

Prif nodweddion Neoglasurol yn _Allegro_ Satie:
- dylanwad y cyfansoddwr Clasurol, Clementi, ar y ffurf a'r adeiledd;
- fframwaith ffurf y sonata yn dal y gerddoriaeth at ei gilydd er bod datblygiad y themâu yn gyfyngedig – defnydd helaeth o ostinati ac ailadrodd i gynnal y momentwm;
- cuddio neu hyd yn oed osgoi diweddebau;
- defnydd o anghytgordiau wrth basio er mwyn rhoi tipyn o sbeis yn y gwead;
- dull llinellol gwrthbwyntiol o ran y gwead.

🎵 BRIFF CYFANSODDI

Dewiswch ddarn byr a syml o gerddoriaeth a gyfansoddwyd cyn 1800, e.e. symudiad sonatina arall gan Clementi, neu symudiad dawns mewn ffurf ddwyran (AB), e.e. minuet gan y Mozart ifanc. Yna ewch ati i'w ailgyfansoddi o'ch safbwynt eich hun gydag ychydig o gymorth gan Satie.

? Sut ydw i'n dechrau?

Dyma rai awgrymiadau i'ch rhoi ar ben y ffordd:
- newidiwch y cywair;
- newidiwch rai o'r nodau i greu anghytgordiau newydd (newid cordiau);
- dilëwch rai o farrau y gwreiddiol, ac ychwanegwch rai eich hun.

Cyn belled â bod gennych chi fframwaith cryf (ffurf sonata, ABA, neu AB), fe allwch chi arbrofi heb lyffethair.

---

2 | Cyfansoddi darn gwreiddiol yn yr arddull Neoglasurol gan ddefnyddio technegau o'r 18fed ganrif

Cyfansoddodd Francis Poulenc ei *Sonata i'r Corn, Trwmped a Thrombôn* yn hydref 1922.

💿 TRAC 16

Fel Satie, mae Poulenc yn chwilio am ysbrydoliaeth o'r arddulliau Clasurol, ond yn wahanol i Satie yn y *Sonatina*, nid yw'n defnyddio darn o gerddoriaeth sydd eisoes yn bodoli fel sail i'w gyfansoddiad. Mae'n dechrau drwy ddefnyddio amrywiaeth o dechnegau cyfansoddi o'r 18fed ganrif ac wedyn yn ychwanegu anghytgordiau o'r 20fed ganrif. Mae'r tabl isod yn disgrifio rhai dulliau a ddefnyddir gan Poulenc.

	Arddull Glasurol	Dull Poulenc o ailwampio'r arddull Glasurol
Ffurf	Mae'r teitl *Sonata* yn awgrymu y dylai'r symudiad cyntaf gael ei adeiladu ar ffurf sonata.	Mae Poulenc yn mynd gam ymhellach na Satie a throi cefn ar ffurf y sonata yn gyfan gwbl, a dewis yn hytrach adeiledd ABA – cyfres o adrannau llac eu cyswllt.
Offeryniaeth	Mae sonata i dri offeryn (trio sonata) fel arfer yn golygu cyfuniad o linynnau, offerynnau chwyth a harpsicord – cyferbyniad bwriadol o ran timbre.	Tri offeryn pres – a ddewiswyd am eu cysondeb ac eglurder timbre. Mae offerynnau pres (falf) o'r 20fed ganrif yn fwy amlochrog na'r rhai (naturiol) o'r 18fed ganrif.
Adeiledd y cyweiriau	Fel arfer mae'r dynfa tuag at y tonydd a'r llywydd yn gonglfaen y ffurf sonata.	G fwyaf yn cael ei ddiffinio fel 'tonydd' (prif gywair adran A). Adran B yn E♭ fwyaf (3ydd yn is) a B♭ fwyaf (3ydd yn uwch).

Mwy arwyddocaol efallai yw dulliau Poulenc o greu amrywiaeth drwy ddatblygiadau cynnil yn yr alawon, harmonïau, rhythmau a'r gweadau. (Cyfeiriwch at yr enghreifftiau cerddorol hyn: barrau 1-5, 9-16 a 21-27.)

Poulenc - Sonata i Gorn, Trwmped a Thrombôn: Symudiad I - Allegro moderato
(Barrau 1-5)

(Barrau 9-16)

(Barrau 21-27)

Plus lent (♪ = 96)
en accompagnant

Alawon

- Adran A: alaw seml, 'boblogaidd' wedi ei hadeiladu o driad G fwyaf, sy'n ffurfio'r tonydd. Rhythmig a sionc o ran cymeriad – defnydd helaeth o farciau ynganiad.
- Adran B: llyfn a thawel – lleisiol o ran cymeriad (mae Poulenc yn nodi *bien chante/ canu'n dda* – gweler bar 26).
- Dychweliad Adran A. wedi ei thrawsgyweirio a'i hailsgorio gyda harmonïau newydd.

Harmonïau

- Cydbwysedd cynnil rhwng harmonïau diatonig ac ambell i anghytgord ('nodyn anghywir') yma ac acw, e.e. y diweddeb perffaith ym mar 4.
- Newidiadau mewn arwydd amser yn arwain at ddiweddebau wedi eu gosod mewn lleoedd anarferol (barrau 9-16).

Rhythm

- Yn union fel yr harmoni, mae Poulenc yn cael hwyl gydag ambell i gyffyrddiad annisgwyl. Er enghraifft, ym marrau 21-24 mae'r corn a'r trombôn yn chwarae rhythm y thema yn 'anghywir', er gwaethaf dwy ymdrech yn G fwyaf, gyda G leiaf yn dilyn.
- Defnydd o frawddegu trawsacen (bar 9), mwyhad, lleihad, a hyd yn oed cywasgiad o'r rhythm i greu curiadau cyfartal. Mae curiadau gwag/distawrwydd annisgwyl a newidiadau mewn arwydd amser a thempo yn ychwanegu at y dryswch tymor byr – cymerwch olwg ar farrau 20-24.

Gweadau

- Cymysgedd mawr o gyfeiliannau mewn arddull Glasurol – defnydd o fas alberti (bar 1), ffigurau *arpeggio* (corn ym mar 26) a bas yn llamu.
- Gweadau efelychiadol gwrthbwyntiol y rhan fwyaf o'r amser.

Mae Poulenc felly yn llwyddo i gyfansoddi enghraifft berffaith o gerddoriaeth Neoglasurol go iawn – syml, dirodres, bron yn ffwrdd-â-hi.

BRIFF CYFANSODDI

Trefnwch ddawns gan Bach, Handel neu Mozart, neu sonata i'r allweddell gan Scarlatti, ar gyfer ensemble chwyth. Dewiswch eich offerynnau gyda gofal, gyda golwg ar ansawdd sain a chydbwysedd gwead.

🎵 BRIFF CYFANSODDI

Cyfansoddwch ddarn byr ar ffurf ABA, gan ddefnyddio cyfuniad o offerynnau o'r 20^{fed} ganrif (acwstig a/neu synau wedi'u syntheseiddio). Penderfynwch pa fath o weadau y dymunwch eu harchwilio, ac anelwch am gysondeb ffurf ac adeiledd.

Er mwyn rhoi naws Neoglasurol i'ch darn, dyma rai awgrymiadau:
- dewiswch wead gwrthbwyntiol lle mae'r alawon a'r ffigurau cyfeiliannol yn cael eu rhannu'n gyfartal rhwng yr offerynnau;
- cyfansoddwch eich alawon allan o ddarnau bach o syniadau y gellir eu datblygu yn syml;
- anelwch at iaith harmonig gyweiriol ond defnyddiwch ddigonedd o nodau camu ac anghytgordiau i greu teimlad 20^{fed} ganrif;
- defnyddiwch newidiadau mewn arwydd amser;
- nodweddwch bob adran gyda phatrymau rhythmig/ostinati gan ddefnyddio trawsacennu a thawnodau;
- rhowch sylw manwl i fanylion tempo, ynganiad a dynameg.

3 | Cyfansoddi darn safonol o gerddoriaeth Neoglasurol

Hyd yn hyn, mae'r enghreifftiau o gerddoriaeth Neoglasurol a archwiliwyd wedi cael eu haddasu, eu hailwampio a'u benthyg o gonfensiynau cerddorol y 18^{fed} ganrif, drwy sbectol gerddorol yr 20^{fed} ganrif. Beth am i ni yn awr edrych ar arddull Neoglasurol fwy datblygedig, lle mae'r hen fodelau Clasurol i bob pwrpas yn cael eu claddu.

Roedd y cyfansoddwr o Rwsia, Igor Stravinsky (1882-1971), wedi bod yn arbrofi rhywfaint gyda Neoglasuriaeth er 1918, gan greu gweithiau, fel Satie a Poulenc, oedd yn drwm o dan ddylanwad y modelau Baróc a Chlasurol.

Yn 1923, fe achosodd Stravinsky dipyn o gyffro pan berfformiwyd ei gyfansoddiad newydd, *Wythawd i Offerynnau Chwyth,* ym Mharis. Roedd hwn yn fath hollol wahanol o Neoglasuriaeth – arddull fwy radical. Mae amryw o ffactorau yn cyfrannu tuag at y Neoglasuriaeth 'ddatblygedig' hon:
- pwyslais ar weadau gwrthbwyntiol, polyffonig; roedd gwrthbwynt yn arbennig o bwysig i Stravinsky: "hwn yw sail bensaernïol pob cerddoriaeth, yn rheoleiddio ac yn arwain pob cyfansoddiad";
- defnydd o rythmau cymhleth – trawsacennu, nodau clwm;
- newidiadau cyson mewn arwydd amser;
- cyfyngu dynameg a gwahaniaethau bychain i *forte* a *piano*;
- newidiadau mewn tempo;
- pwysigrwydd y sgôr ysgrifenedig – rhaid i'r perffformiwr ddilyn y cyfarwyddiadau yn hollol gydwybodol;
- cerddoriaeth absoliwt yw hon – mae cysylltiadau llenyddol neu dirluniol yn amherthnasol, dim ond yr elfennau cerddorol sy'n bwysig.

Gwaith od mewn dau symudiad yw'r *Wythawd*, wedi ei sgorio ar gyfer offerynnau chwyth – ffliwt, clarinét, dau faswn, dau drwmped a dau drombôn. Mae'r dewis anarferol hwn o offerynnau yn adlewyrchu hoffter Stravinsky o seiniau glân, eglur a diemosiwn:
"Ymddengys i mi fod offerynnau chwyth yn fwy tueddol o gynhyrchu'r ffurf haearnaidd oedd gen i mewn golwg nag offerynnau eraill – yr offerynnau llinynnol, er enghraifft, sy'n llai oeraidd a mwy amwys. Fe all hyblygrwydd yr offerynnau llinynnol greu cyffyrddiadau mwy cynnil, a byddai hynny'n fwy addas ar gyfer gweithiau a adeiladwyd ar sail fwy 'emosiynol'."

Mae'r *Wythawd* yn dilyn canllawiau yr arddull Neoglasurol i'r llythyren bron:

- harmonïau – anghytgord yn amlwg, ond awgrym yma ac acw o gyweiredd C asurol;
- gweadau – glân, llif rhythmig, llinellau offerynnol rhugl;
- adeiledd – modelau Clasurol a Baróc (gweler isod) heb unrhyw awgrym o raglen, stori na naratif.

Cerddoriaeth offerynnol bur yw hon, yn llawn eironi a ffraethineb – dim byd rhy ddifrifol nac emosiynol.

Mae teitl y symudiad cyntaf, *Sinfonia*, yn awgrymu preliwd agoriadol neu agorawd i ddarn o gerddoriaeth Glasurol gynnar/Baróc.

TRAC 17

Mae gweadau crimp, gwrthbwyntiol yr agoriad – nodau hir ar y trwmped, a'r baswnau a'r clarinét yn chwarae triliau – i bob golwg yn awgrymu dechrau gwaith o'r 18fed ganrif, ond fel gyda phob darn a gyfansoddwyd yn yr arddull Neoglasurol, nid yw'r deunydd cerddorol yn symud ymlaen yn null y 18fed ganrif.

Mae digonedd o nodau B♭ yn y barrau canlynol i awgrymu pedal y llywydd (mae'r tonydd yn teimlo fel E♭), ond mae Stravinsky yn chwistrellu digonedd o ddyfeisiau 20fed ganrif i mewn i'r gerddoriaeth – llawer mwy nag a welsom yn yr enghreifftiau gan Satie a Poulenc yn gynharach yn y bennod hon:

- diweddebau nad ydynt yn adfer (bar 2);
- cordiau 7fed y llywydd fel pe baent yn hongian yn yr awyr – 'anghytgordiau sefydlog';
- symudiadau cromatig;
- tameidiau melodig bychain yn datblygu'n ffiguraeth ostinato;
- gweadau gwrthbwyntiol sy'n atgoffa rhywun o Bach ond sydd wedi eu cuddio bron yn llwyr;
- newidiadau cyson mewn mydr sy'n gadael llawer mwy o le i ryngchwarae rhythmig.

Stravinsky - Wythawd i Offerynnau Chwyth: Sinfonia (barrau 1-14)

Mae'r *Allegro Moderato* sy'n dilyn yn dechrau'n hyderus yn E♭ fwyaf, ond ceir hefyd amryw o nodau anghytgordiol i'n hatgoffa ein bod yn yr 20^{fed} ganrif ac nid yn y 18^{fed} ganrif.

Yn wahanol i'r enghreifftiau gan Satie a Poulenc, mae holl gynhwysion adeiledd ffurf sonata yma – dangosiad ynghyd â'r testun cyntaf (yn E♭) a'r ail destun (yn G), adran y datblygiad ac ailddangosiad. Mae Stravinsky yn defnyddio digonedd o efelychiant ac mae llawer o'r motiffau rhythmig a ddefnyddir ganddo yn swnio fel pe baen nhw wedi eu dwyn o *concerto grosso* o gyfnod y Barôc.

Stravinsky - Wythawd i Offerynnau Chwyth: Allegro moderato (barrau 1-7)

Ar gyfer yr ail symudiad, mae Stravinsky yn penderfynu defnyddio dyfais strwythurol arall o'r gorffennol – ffurf thema ac amrywiadau. Sylwer ar y sgorio offerynnol anarferol:

- mae rhan gyntaf yr alaw yn cael ei rhoi i'r ffliwt a'r clarinét, ddwy wythfed ar wahân, gyda'r baswnau a'r offerynnau pres yn chwarae cordiau sych trawsacennog;
- mae'r trwmped, yna'r trombôn, wedyn yn cydio yn yr alaw;
- mae'r amrywiad cyntaf, a elwir yn 'Var. A', ar ffurf interliwd fer sy'n creu dolen rhwng yr holl amrywiadau, gyda'r baswn yn rhedeg o gwmpas yn chwarae graddfa ar ôl graddfa.

Mae'r adeiledd cyffredinol yn adleisio ffurf rondo:

    Thema - A - B - A - C - D - A - E - Finale

Mae tynfa gref yn y gerddoriaeth tuag at D leiaf, ond mae Stravinsky yn defnyddio'r raddfa octatonig, sy'n cynnwys tonau a hanner tonau bob yn ail, er mwyn ychwanegu lliw harmonig.

Mae'r amrywiadau eraill yn archwilio amrywiaeth o ffurfiau o'r 18^{fed} ganrif:
- dawnsiau megis y walts a'r polca;
- gweadau gwrthbwyntiol – efelychiadol a rhydd.

Mae'r darn yn diweddu gyda chyfres o gordiau heb berthynas â'i gilydd, dim teimlad o ddilyniant harmonig, a chord olaf C fwyaf gydag G yn y bas (ail wrthdro) – pob un yn arwyddion o arddull Neoglasurol.

TRAC 18

SUT YDW I'N CYFANSODDI DARN NEOGLASUROL DA?

BRIFF CYFANSODDI

Cyfansoddwch ddarn o gerddoriaeth offerynnol mewn arddull Neoglasurol, yn para 4 munud. Ystyriwch y pwyntiau canlynol wrth i chi symud drwy'r broses gyfansoddi:

Cynllunio

Dechreuwch drwy benderfynu ar y canlynol:

- ffurf y darn – dwyran, teiran, sonata, thema ac amrywiadau;
- offeryniaeth – unrhyw gyfuniad, er efallai y byddwch am gadw mewn cof fod yn well gan Stravinsky offerynnau taro, chwyth, ac allweddellau. Does dim rhaid hepgor offerynnau llinynnol os ydych am eu defnyddio yn yr arddull Neoglasurol – cyfyngu ar *vibrato* (emosiwn);
- alawon – wedi eu hadeiladu allan o nodau graddfa arbennig, e.e. octatonig;
- rhythmau – defnydd o newid mydr, trawsacennu, ostinati, trawsrythmau (polyrhythmau);
- harmonïau – harmonïau cyweiriol sy'n cael eu dadsefydlogi gan nodau anghytgordiol, ac effeithiau deugywair;
- gweadau – symudiad gwrthbwyntiol, cromatig; cyfansoddi rhannau tryloyw a rhugl;
- ynganiad/lliw dynameg – defnydd o *forte* a *piano*; defnydd cyfyngedig o raddoliadau (*crescendo* a *diminuendo*).

Datblygu

Mae cysondeb arddull a thechneg yn bwysig iawn mewn cerddoriaeth Neoglasurol. Yn ddibynnol ar y dewis a wnaethoch o blith yr uchod o ran ffurf ac adeiledd eich darn, rhaid i chi sicrhau eich bod yn cadw cydbwysedd da rhwng cyferbyniad ac ailadrodd syniad cerddorol. Er enghraifft, os ydych yn dewis yr adeiledd thema ac amrywiadau, efallai yr hoffech chi ddilyn esiampl Stravinsky yn yr *Wythawd* a nodweddu pob amrywiad drwy newid y mydr, y gwead (gwrthbwyntiol/dawns), yr harmoni neu'r offeryniaeth. Er mwyn creu teimlad o sefydlogrwydd o fewn yr adeiledd, fe all interliwd (a ddefnyddiwyd gan Stravinsky) fod yn ddolen neu bont effeithiol rhwng yr amrywiadau cyferbyniol.

Ystyried

Ar y pwynt hwn fe allech chi gyfeirio at ganllawiau asesu mewnol CBAC a gofyn i'ch hunan:

I ba raddau ydw i wedi dangos:

- dealltwriaeth o gydbwysedd, ffurf ac adeiledd?
- defnydd effeithiol o dechnegau cymhleth a dyfeisiau cyfansoddi?
- defnydd da o offerynnau?
- arddull idiomatig?
- rheolaeth dda ar y gweadau?
- rheolaeth ar iaith harmonig addas?
- cysondeb arddull?

Mae'r dull o gyflwyno eich sgôr yn bwysig iawn mewn cerddoriaeth Neoglasurol. Rhaid i'r sgôr gynnwys yr holl fanylion ar gyfer perfformiad – does DIM rhaid i'r perfformiwr ddehongli darn yn ei ffordd ei hun, ond mae'n rhaid iddynt ddilyn y cyfarwyddiadau ar y dudalen I'R LLYTHYREN.

Concerto yn G gan Ravel mewn cyd-destun Neoglasurol (gwaith gosod)

Fel Stravinsky, roedd Ravel yn chwilio am ysbrydoliaeth drwy edrych yn ôl – y tu hwnt i'r rhai a ddaeth yn union o'i flaen wrth gyfansoddi ei *Concerto yn G* – at goncerti Clasurol Mozart. Pam? Oherwydd ei fod eisiau cyfansoddi darn o gerddoriaeth siambr fynwesol i'r piano ac ensemble mawr a lliwgar, nid concerto ar raddfa fawr yn yr arddull Ramantaidd.

O gymryd gweadau glân a thryloyw Mozart fel man cychwyn, mae'n glynu at y fframwaith Clasurol safonol:

- symudiad cyntaf   –   ffurf sonata
- ail symudiad   –   ffurf deiran (nocturne)
- trydydd symudiad   –   ffurf ddwyran (dawns)

Ond wedyn mae'n aildrefnu'r 'tu mewn', e.e. mae datblygiad y symudiad cyntaf ar ffurf tocata (sydd â'i wreiddiau yn y Baróc), yn seiliedig ar y thema gyntaf.

Mae'r technegau Neoglasurol a ddefnyddir yn cynnwys:

- effeithiau deugywair – llawer o ryngchwarae rhwng G fwyaf (tonydd) a thriadau F♯ fwyaf;
- ostinati;
- harmoni cromatig sy'n brathu.

Mae ei offeryniaeth yn perthyn yn bendant i'r 20[fed] ganrif o ran syniadaeth:

- amlygrwydd i offerynnau anarferol – clarinetau E♭ a soprano, telyn (yn natblygiad y symudiad cyntaf), cor anglais (ail symudiad), chwip. Fel gyda Stravinsky yn ei *Wythawd*, mae Ravel yn chwilio am eglurder sain;
- mae sawl swyddogaeth i ran yr unawd piano, ac yn aml, sawl haen – mae'r ostinati ar ddechrau'r symudiad cyntaf a'r trydydd yn rhoi cyfeiliant deugywair i unawdau'r gerddorfa. Yn yr un modd, mae'r triliau parhaus yn llaw dde y pianydd yn y diweddeb yn adleisio llif cerddorol. Mae'r elfen 'feistrolgar' bron yn acrobatig ei natur, yn adleisio cyfansoddiadau Scarlatti ar gyfer yr allweddell o gyfnod y Baróc.

GWRANDO PELLACH

Fe welwch isod dabl o ddarnau posibl y gallech wrando arnynt/eu dadansoddi er mwyn cael syniadau wrth greu darn Neoglasurol. Er enghraifft, os ydych yn digwydd bod yn chwaraewr offeryn pres, mae Sonata Poulenc ar dudalennau 39-41 yn fan cychwyn ardderchog.

Offeryniaeth	Model Baróc/Clasurol	Model Neoglasurol
Chwaraewyr allweddell	Preliwdiau a ffiwgiau gan J. S. Bach	*Ludus Tonalis:* casgliad o breliwdiau a ffiwgiau gan Paul Hindemith
Chwaraewyr llinynnau	Pedwarawdau llinynnol gan Haydn neu Beethoven	Pedwarawdau llinynnol gan Dmitri Shostakovich
Chwaraewyr cerddorfaol	Symffonïau gan Haydn, Mozart neu Beethoven	*Symffoni yn C* gan Stravinsky
Côr a cherddorfa	Offerennau crefyddol gan Haydn, Mozart neu Beethoven	*Symffoni o Salmau* gan Stravinsky

CYFRESIAETH

PAM CYFRESIAETH?

Ffordd o gyfansoddi sy'n defnyddio pob un o ddeuddeg nodyn y raddfa gromatig yw Cyfresiaeth. Dyfeisiwyd y dechneg gan y cyfansoddwr o Awstria, Arnold Schoenberg, yn yr 1920au cynnar. Roedd yn cael ei ystyried ar y dechrau fel adwaith yn erbyn arddulliau cerddorol y cyfnod Rhamantaidd hwyr, megis symffonïau Gustav Mahler neu operâu Richard Strauss. Ond roedd Schoenberg, fodd bynnag, yn edrych ar ei ddull newydd o gyfansoddi fel parhad y traddodiad hwn. Yn fuan wedi iddo ddyfeisio ei ddull deuddeg-nodyn, fe ddechreuodd disgyblion Schoenberg, Anton Webern ac Alban Berg, fabwysiadu'r dechneg yn eu cyfansoddiadau nhw hefyd. Yn ystod yr 1950au a'r 1960au roedd hi'n anodd i unrhyw ddarpar gyfansoddwr anwybyddu'r dechneg ddeuddeg-nodyn. Cafodd hyd yn oed gyfansoddwyr nad oeddynt yn cael eu hystyried yn Gyfreswyr, megis Messiaen a Stravinsky, eu dylanwadu. Ond erbyn dechrau'r 1970au, roedd dylanwad Cyfresiaeth wedi edwino. Heddiw, fe ellir ei ddefnyddio fel un dull ymhlith llawer, mor rhydd neu mor gaeth ag y dymunwch.

BETH YN UNION YW CYFRESIAETH FELLY?

Prif gynhwysyn cyfansoddiad Cyfresol yw'r rhes ddeuddeg-nodyn. Caiff y rhes ei chreu allan o ddeuddeg nodyn y raddfa gromatig. Mae'r raddfa gromatig yn cynnwys pob nodyn rhwng, er enghraifft, dwy C wythfed ar wahân (h.y. pob un nodyn du a gwyn ar yr allweddell) fel y dangosir isod.

Ceisiwch chwarae'r raddfa hon ar allweddell:

Mae pob nodyn yn y raddfa gromatig yn cael ei gynnwys mewn rhes ddeuddeg-nodyn ond mewn trefn wahanol. Dyma res ddeuddeg-nodyn gan Schoenberg allan o'i *Wythawd Chwyth Op. 26*.

Ceisiwch chwarae'r rhes hon ar allweddell:

Schoenberg - Wythawd Chwyth Op. 26

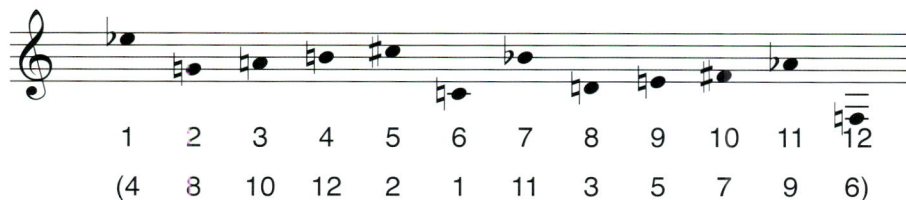

Y tro hwn, mae'r rhes yn dechrau ar Eb – pedwerydd nodyn y raddfa gromatig os cymerwn C ganol fel ein nodyn cyntaf – gydag G yn dilyn, sef y seithfed nodyn, ac yna A, sef y degfed, ac felly ymlaen. Mae trefn y nodau cromatig yn rhes ddeuddeg-nodyn Schoenberg felly yn wahanol i'w trefn yn y raddfa gromatig.

Yn aml iawn cyfeirir at y fersiwn cyntaf o'r rhes ddeuddeg-nodyn fel y 'gwreiddiol'. Byddai'n bosibl cyfansoddi darn o gerddoriaeth dim ond trwy ddefnyddio'r nodau hyn yn eu trefn wreiddiol. (Yn wir, fe ddechreuodd Schoenberg gyfansoddi cerddoriaeth ddeuddeg-nodyn fel hyn yn union – yn yr olaf o'i *Five Pieces for Piano Op. 25* dim ond un set o ddeuddeg nodyn a ddefnyddir, wedi ei hailadrodd drosodd a throsodd.) Ond fe allai hyn ddod yn beth cyfyngedig iawn, felly fe benderfynodd Schoenberg greu tair rhes arall i fynd gyda'r rhes wreiddiol. Mae'r rhesi hyn yn tyfu allan o'r rhes wreiddiol mewn gwahanol ffyrdd. Y bwriad yw iddynt gyfateb i'r rhes wreiddiol a'i gwneud yn gyflawn.

Y gyntaf o'r rhain yw'r rhes mewn gwrthdro. Mae gwrthdro fel llun y rhes wreiddiol mewn drych. Ceir llawer o ddelweddau 'fel mewn drych' ym myd natur – megis y patrwm glöyn byw a welir isod:

Dyma'r fersiwn gwreiddiol, ynghyd â'r gwrthdro, allan o *Quintet* gan Schoenberg:

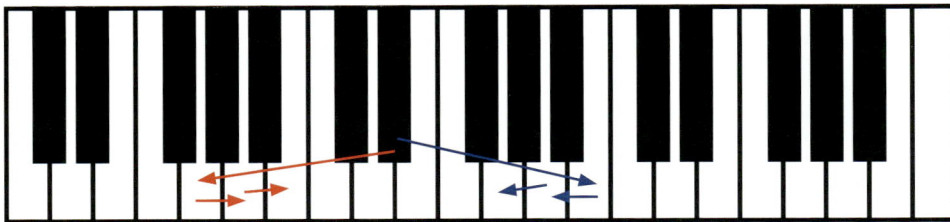

Schoenberg - Wythawd Chwyth Op. 26

Yn union fel y mae'r llinellau yn y llun o'r glöyn byw yn ddrych i'w gilydd o'r canol, felly hefyd y mae'r gwrthdro yn adlewyrchu'r rhes wreiddiol, gan symud wyth cam i fyny pan fo'r gwreiddiol yn symud wyth cam i lawr, neu ddau gam i lawr pan fo'r gwreiddiol yn symud ddau gam i fyny.

🎹 Ceisiwch chwarae gwrthdro y rhes ar allweddell a sylwch sut y mae ei batrwm yn ddrych o'r fersiwn gwreiddiol.

Dyma rai awgrymiadau i'ch helpu:
- Mae'n haws o lawer gweithio allan y pellter rhwng pob nodyn os ydych yn eistedd wrth y piano, neu os ydych yn dychmygu allweddell yn eich meddwl.
- Os ydych yn gwybod eich cyfyngau – 2^{il} lleiaf, 2^{il} mwyaf, 3^{ydd} lleiaf, 3^{ydd} mwyaf, 4^{ydd} perffaith, ac ati – bydd gweithio allan y gwrthdro yn llawer haws.

Unwaith i chi weithio allan y gwrthdro, mae'n weddol hawdd gweithio allan y ddau fersiwn arall o'r rhes. Mae'r ddau yn fersiynau ôl-rediad (neu symud yn ôl), h.y. maen nhw'n cychwyn o'r diwedd ac yr a yn gweithio eu ffordd yn ôl i'r dechrau. Felly er mwyn cael yr ôl-rediad yn enghraifft Schoenberg, dechreuwch y rhes wreiddiol ar y diwedd gyda 12=F, yna 11=A♭, 10=F♯, 9=E, ac felly ymlaen. Yn achos yr ôl-rediad gwrthdro, cymerwch y gwrthdro gan ddechrau ar 12=D♭, 11=B♭, 10=C, 9=D, ac felly ymlaen, fel a ganlyn.

Ceisiwch chwarae pob un o'r pedwar fersiwn ar allweddell:

Schoenberg - Wythawd Chwyth Op. 26

GWREIDDIOL

ÔL-REDIAD

GWRTHDRO

ÔL-REDIAD GWRTHDRO

Gan fod gennym bellach y rhes wreiddiol a'i thri fersiwn – gwrthdro, ôl-rediad ac ôl-rediad gwrthdro – rydym mewn sefyllfa i ddechrau cyfansoddi cerddoriaeth Gyfresol.

SUT YDW I'N CYFANSODDI CERDDORIAETH GYFRESOL?

Unwaith y byddwch wedi gweithio allan bedwar fersiwn y rhes, nid oes unrhyw reolau pendant ar gyfer cyfansoddi cerddoriaeth Gyfresol. Ond dyma bedwar dull a fydd yn eich helpu i fynd ati:

1. Alaw a chyfeiliant
2. Cordiau
3. Harmoni dwy ran
4. *Klangfarbenmelodie* (yn llythrennol 'Sain-lliw-alaw')

Does dim angen i chi ddefnyddio'r *holl* dechnegau hyn mewn un darn, ond fe allech chi yn sicr gyfuno *rhai* ohonynt mewn gwahanol ffyrdd. Gadewch i ni adnabod pob un yn unigol ac awgrymu ffyrdd y gellir eu cefnyddio.

1 | Alaw a chyfeiliant

Gadewch i ni fwrw golwg arall ar res nodau Schoenberg allan o'i *Wind Quintet*.

Sut y caiff hyn ei ddefnyddio ar ddechrau'r darn?

TRAC 19

Mae'r hyn a wneir gan Schoenberg yma yn eithaf tebyg i'r hyn y byddai cyfansoddwr Clasurol yn ei wneud gyda graddfa fwyaf neu leiaf – mae'n creu alaw seml a gwead cyfeiliant ohoni. Mae'r ffliwt, sy'n chwarae'r llinell uchaf, yn chwarae nodau 1-6, tra bod yr obo, y clarinét, y corn a'r baswn yn 'rhannu' y chwe nodyn arall (7-12). Yna ar ddiwedd bar 3, mae pawb yn cyfnewid rhannau, gyda'r rhannau cyfeiliant yn chwarae chwe nodyn cyntaf y rhes, a'r ffliwt yn dod i mewn ychydig yn hwyrach gyda nodau 7-12.

Mae hwn yn wead cymharol hawdd i'w greu. Yn yr enghraifft isod fe geir syniad am ddechrau darn ar gyfer ffidil a phiano – mae'n gynllun y gallech ei ddilyn yn eich darn eich hun. Ysgrifennwch eich rhes ddeuddeg-nodyn eich hun, gweithiwch allan ei wrthdro, ac yna dilynwch y cynllun yn y tabl:

Barrau	1	2	3	4	5	6	7	8
	Gwreiddiol	→	→	→	→	→	Gwrthdro	→
Alaw (Ffidil)	(nodau) 1-2	3-4	5-6	–	7-9	10-12	1-2	3-4
Cyfeiliant (Piano)	–	(nodau) 7-9	10-12	1-2	3-4	5-6	7-9	10-12

Fe allech chi wedyn gyflwyno fersiynau gwrthdro y rhes yn raddol, neu ddechrau cyfuno dwy res. Mae'r syniad alaw/cyfeiliant yn ffordd ddefnyddiol o strwythuro eich rhes, ond fe all fod braidd yn undonog pe baech chi'n ei ddefnyddio fel hyn yn y darn drwyddo draw.

CYFRESIAETH

Ffiniau eraill

Wrth gyfansoddi cerddoriaeth ddeuddeg-nodyn mae'n hawdd anghofio am ffiniau cerddorol eraill megis rhythm, lliw, gwead a ffurf. Mae'r elfennau hyn yn dal i chwarae rhan bwysig. Beth am i ni ystyried agoriad *Wind Quintet* Schoenberg mewn perthynas â'r cyfyngiadau eraill hyn? Er mwyn sicrhau bod modd clywed y brif alaw yn y barrau agoriadol, mae Schoenberg yn rhoi'r llinell i un offeryn yn unig, sef y ffliwt. Mae'r alaw bob amser yn ymddangos yn y cwmpas uchaf, tra bo'r nodau eraill i gyd yn cael eu rhannu rhwng yr obo, y corn, y clarinét a'r basŵn. Mae'r alaw hefyd yn symud yn gyflymach na'r cyfeiliant – mae'r ffliwt yn chwarae chwe nodyn mewn pedwar bar, tra bo'r offerynnau eraill yn chwarae tri neu bedwar nodyn o fewn yr amser hwn. Daw efelychiant hefyd i'r wyneb yn y barrau agoriadol hyn, gyda'r tôn esgynnol yn chwarae rhan amlwg.

Faint o donau esgynnol fedrwch chi eu hadnabod yma? (Ceir yr ateb ar ddiwedd y bennod hon.)

2 Cordiau

Rydym eisoes wedi dechrau creu cordiau yn yr enghraifft flaenorol drwy gyfuno alaw a chyfeiliant, ond mae amryw o ffyrdd eraill i wneud hyn. Yn dibynnu ar sut caiff y rhes ei chreu, mae'n bosibl creu cilyniant cordiau eithaf cyweiraidd. Beth am i ni edrych ar res a ddefnyddiwyd gan Berg yn ei *Goncerto i'r Ffidil*.

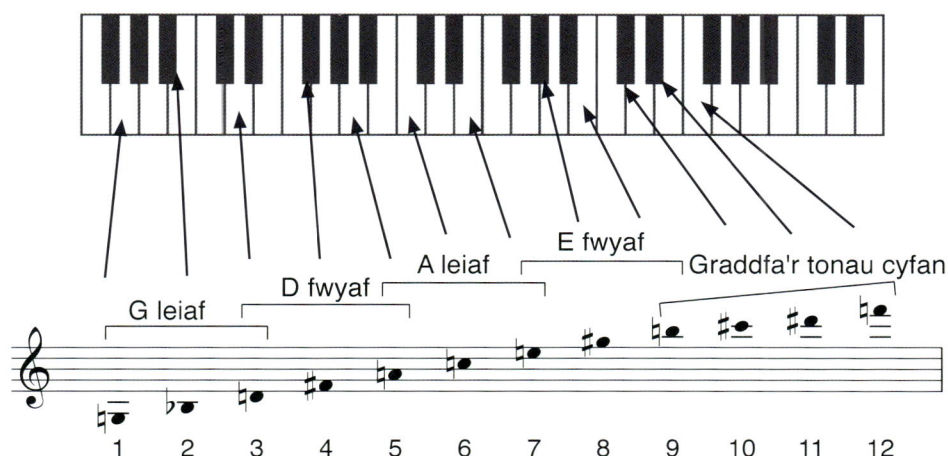

Mae Berg wedi cymryd gofal i seilio'r rhes gyweiraidd yn y darn hwn ar gyfres o gordiau mwyaf a lleiaf sy'n gorgyffwrdd – nodyn olaf y cord cyntaf (G leiaf), sef D, fydd man cychwyn y cord nesaf (D fwyaf). Nodyn olaf y cord hwn, sef A, fydd nodyn cyntaf y cord nesaf (A leiaf). Nodyn olaf y cord hwn, sef E, fydd nodyn cyntaf y cord nesaf (E fwyaf). Mae gan Berg wedyn dri nodyn o'r raddfa gromatig ar ôl – C♯, D♯ ac F. Dydyn nhw ddim yn creu triad mwyaf neu leiaf, ond maen nhw'n creu, gan gychwyn gyda'r nodyn blaenorol (B), raddfa'r tonau cyfan. Roedd y raddfa hon yn cael ei ffafrio gan gyfansoddwyr Argraffiadol megis Debussy (gweler y bennod ar 'Argraffiadaeth' yn y llawlyfr hwn). Mae Berg yn defnyddio'r patrwm pedwar-nodyn hwn yn yr adran sy'n cloi'r gwaith, sydd mewn gwirionedd yn dyfynnu o emyn-dôn gan J. S. Bach.

Mae nodau cyntaf y rhes yn gadael i Berg greu patrymau o gordiau sy'n swnio'n gyweiriol. Mae un o'r rhai mwyaf amlwg yn ymddangos ddeg bar i mewn i'r concerto:

TRAC 20

51

Berg - Concerto i'r Ffidil: Symudiad 1af

Fiola

Bas dwbl

Ffidil unawdol

Corn

[9,10,11,12]

Sut byddech chi'n mynd ati i ddadansoddi'r adran hon mewn termau 'cyweiriol'? Mae'r cord cyntaf yn G leiaf, yr ail yn gord gwrthdro 1af ar D fwyaf, y trydydd yn gord 2il wrthdroad ar A leiaf, a'r pedwerydd yn gord gwrthdro 1af ar E fwyaf. Mae Berg felly yn llwyddo i gyfansoddi cerddoriaeth sy'n swnio'n weddol debyg i gerddoriaeth Mahler neu gyfansoddwyr eraill o ddiwedd y cyfnod Rhamantaidd.

Roedd agwedd Berg tuag at gerddoriaeth ddeuddeg-nodyn yn aml yn dibynnu ar y 'stori' y tu ôl i'r darnau a gyfansoddai. Cyflwynir y concerto 'er cof am angel' – a'r angel oedd Manon Gropius, merch Alma Mahler, gweddw'r cyfansoddwr enwog o Awstria, Gustav Mahler. Bu farw Manon Gropius yn 19 oed, ac mae'n amlwg fod Berg wedi teimlo i'r byw. Mae'r gwaith felly yn ceisio mynegi trasiedi, torcalon a dicter tuag at annhegwch bywyd, ond tua diwedd y gwaith, mynegir cymod a theimlad o godi uwchlaw'r cyfan. Fe all cerddoriaeth ddeuddeg-nodyn felly fod yn effeithiol iawn o safbwynt cyfleu emosiynau dyfnion fel y rhai a glywir yng nghoncerto Berg.

Byddai Berg weithiau yn dyfeisio rhesi o nodau yn seiliedig ar enwau pobl. Un enghraifft adnabyddus yw ei *Lyric Suite for String Quartet*. Yn nhrydydd symudiad y gwaith hwn mae Berg yn cyfuno ei enw ei hun, Alban Berg (A-B♭; B yw B♭ mewn Almaeneg), gydag enw Hanna Fuchs-Robettin (B-F; H yw B♮ mewn Almaeneg), er mwyn creu'r alaw ganlynol. Tybed a fedrwch chi wneud rhywbeth tebyg?

Ffidil I

B(erg) A(lban) F(uchs) H(anna)

Ffidil II

A(lban) B(erg) H(anna) F(uchs)

Fiola

A(lban) B(erg) F(uchs) H(anna)

3 | Harmoni dwy ran

Mae'r enghraifft nesaf yn defnyddio dau fersiwn o'r rhes eto mewn modd digon syml. Tybed a fedrwch chi weithio allar beth sy'n digwydd yn y darn piano byr hwn gan y cyfansoddwr Eidalaidd, Luigi Dallapiccola:

TRAC 21

Dallapiccola - Linee

Defnyddir dau fersiwn o'r rhes gan Dallapiccola, fel a ganlyn:

Gwreiddiol:1 2 3 4 5 6 7 8 9 10 11 12

Gwrthdro:1 2 3 4 5 6 7 8 9 10 11 12

Mae'r rhes wreiddiol yn dechrau ar A, a'i gwrthdro yn cychwyn hanner tôn o dan y rhes wreiddiol. Gelwir hyn felly yn **drawsgyweirio**'r rhes.[1]

> Sut mae Dallapiccola yn defnyddio'r rhes hon a'i gwrthdro yn *Linee*? Mae'n dewis pâr o nodau o'r gwreiddiol (1+2, 3+4, 5+6, 7+8 yn rhan gyntaf y rhan uchaf), ac yn ailadrodd pob grŵp. Gelwir hyn yn aml yn ffigur ostinato, gan ei fod yn creu patrwm sy'n pendilio. O dan hyn i gyd mae'n gosod alaw sy'n defnyddio nodau 1-5 y gwrthdro. Wedyn mae'n cyfnewid swyddogaethau'r rhesi – mae'r rhan uchaf yn cymryd yr alaw ar gyfer nodau 9-12 y gwreiddiol, tra bo'r llaw chwith yn chwarae nodau 5-12 y gwrthdro yn y dull ostinato a fabwysiadwyd gan y rhan uchaf yn ystod yr hanner cyntaf. Beth am fabwysiadu gwead tebyg yn eich cyfansoddiad eich hun?

4 | Klangfarbenmelodie

Daw'r enghraifft olaf gan gyfansoddwr a ddefnyddiodd y dechneg Gyfresol mewn ffordd fwy caeth na Schoenberg a Berg, sef Anton Webern. Daw o drydydd symudiad ei *Variations for Piano Op. 27* (gweler enghraifft ar y dudalen nesaf).

Roedd gan Webern ddiddordeb yng ngherddoriaeth yr 16eg ganrif, yn enwedig cerddoriaeth bolyffonaidd. Os cawsoch gyfle erioed i wrando ar Palestrina neu gyfansoddwyr o tua'r un adeg, efallai i chi sylwi eu bod yn cyfansoddi mewn dull llinellol. Byddai llinellau unigol yn plethu i mewn ac allan o'i gilydd ac yn clymu ynghyd. Anaml iawn y gellid clywed cordiau syml. Roedd yr harmoni'n cael ei greu allan o symudiad llinellau unigol. Fe drosglwyddodd Webern y dechneg hon i mewn i gerddoriaeth ddeuddeg-nodyn. Wedi'r cyfan, mae'r rhes a'i gwahanol fersiynau yn cael eu creu allan o ddeuddeg nodyn, felly roedd y peth yn gwneud synnwyr.

Felly, fe ellir cynnal nodau o linellau sengl mewn darn deuddeg-nodyn i greu harmonïau. Cyfeirir at hyn fel *klangfarbenmelodie*, sy'n golygu yn llythrennol 'sŵn (*klang*) lliw (*farben*) alaw (*melodie*)' mewn Almaeneg. Mae *klangfarbenmelodie* yn arbennig o effeithiol wrth gyfansoddi ar gyfer cerddorfa. Fe ellir rhannu nodau rhwng gwahanol offerynnau i greu effaith lliwiau symudol. Fe wnaeth Schoenberg hyn yn effeithiol iawn yn ei *Farben* llawn awyrgylch allan o'i *Five Orchestral Pieces Op. 16*. Yn Amrywiadau Webern, clywir pob nodyn yn y rhes yn unigol – mae'r cyfan yn syml ac uniongyrchol. Mae Webern yn adeiladu siâp eglur iawn ar gyfer y llinell felodig, gan dynnu sylw'r gwrandäwr at y ffordd y gwneir i batrymau arbennig adleisio ei gilydd.

> Un ymarfer defnyddiol fyddai sgorio'r enghraifft hon ar gyfer efallai ddau offeryn cynhaliol (megis telyn neu vibraphone) a dau offeryn anghynhaliol (megis ffliwt a chorn). Byddai'n bosibl creu lliwiau diddorol allan o linellau syml Webern. Ar y dechrau, mae'r cyfansoddwr yn defnyddio tri fersiwn o'r rhes: y fersiwn gwreiddiol yn cychwyn ar E♭ (O-4); gwrthdro y fersiwn hwnnw, hefyd yn cychwyn ar E♭ (I-4); a fersiwn ôl-rediad O-4, sy'n cychwyn felly ar G♯ (R-4).

🔘 TRAC 22

---

[1] Mae'n bosibl creu deuddeg trawsnodiad o bob fersiwn o'r rhes drwy gychwyn pob trawsgyweiriad ar nodyn gwahanol y raddfa gromatig, gan greu cyfanswm o 48 trawsnodiad i gyd.

Mae llawer o bobl yn ystyried cerddoriaeth Gyfresol yn 'gerddoriaeth anodd', am y rheswm ei bod yn gallu swnio'n gras ac anghytgordiol. I lawer, gall hyn gynrychioli ffordd fathemategol a chyfrifyddol iawn o gyfansoddi. Ond fe all argraffiadau cyntaf gamarwain. Nid yw cerddoriaeth Gyfresol bob amser mor frawychus ag y mae'n ymddangos ar y gwrandawiad cyntaf. Ac nid yw bywyd bob amser yn llawn hapusrwydd a hyfrydwch – weithiau os ydym am fynegi emosiynau difrifol yn ein cerddoriaeth, megis tristwch, galar, cynddaredd neu arswyd, fe all y technegau Cyfresol ein helpu i wneud hyn mewn ffordd fwy effeithiol ac unigolyddol.

SUT YDW I'N CYFANSODDI DARN CYFRESOL DA?

I gloi, dyma rai awgrymiadau a all efallai eich ysbrydoli i gyfansoddi yn yr arddull hon.

1. Chwiliwch am ffilm arswyd, neu ddarlun mynegiadol, neu stori drasig i'ch ysbrydoli.
2. Peidiwch â chael eich cyfyngu gan y rhes nodau – dim ond dull i gyrraedd y nod yw hwn, nid y nod ei hun.

3. Defnyddiwch resi byrrach a hirach – beth am gychwyn gyda rhes pum, chwe neu saith nodyn?
4. Os ydych yn cyfansoddi mewn arddull bop, beth am adeiladu dilyniant o gordiau yn yr un ffordd? (E.e. fe allai riff agoriadol y gitâr fod yn C-E♭-F-G; fe ellid dilyn hyn gan ei wrthdro = C-A-G-F, ei ôl-rediad = G-F-E♭-C, neu ei ôl-rediad gwrthdro = F-G-A-C). Efallai fod hyn yn swnio braidd yn rhyfedd ac anghonfensiynol ond fe allai arwain at ganlyniad diddorol a gwreiddiol. Mae angen i chi ddefnyddio'r holl fersiynau, a does dim angen i chi gyfyngu eich hunan i unrhyw drefn arbennig.

🎼 BRIFF CYFANSODDI

Cyfansoddwch ddarn deuddeg-nodyn sy'n para tua 3 munud ar gyfer vibraphone, corn a ffidil gan ddefnyddio o leiaf DRI o'r canlynol:
- Alaw a chyfeiliant
- Cordiau
- Harmoni dwy ran
- *Klangfarbenmelodie*

Cymerwch y canlynol i ystyriaeth:
- dylai eich rhes gynnwys deuddeg traw gwahanol;
- dylech weithio allan y gwrthdro yn gywir;
- dylai'r fersiynau ôl-rediad ac ôl-rediad gwrthdro hefyd gael eu hysgrifennu'n gywir;
- fe ALLWCH chi ailadrodd nodyn, neu set o nodau;
- fe ALLWCH chi neilltuo rhan o'r rhes (megis traw 1-6) ar gyfer un offeryn, a rhannu gweddill y nodau rhwng y gweddill;
- ceisiwch amrywio'r gwead er mwyn cynnwys alaw a chyfeiliant neu gordiau.

DARLLEN PELLACH

Am ddisgrifiad o hanes Cyfresiaeth, rhowch gynnig ar fonograff Charles Rosen ar y cyfansoddwr, *Schoenberg* (Llundain: Marion Boyars, 1976), neu *Serialism* gan Arnold Whittall (Caergrawnt: Gwasg Prifysgol Caergrawnt, 2008). Ond os ydych yn eu gweld yn drwm, cymerwch olwg ar ddisgrifiad ardderchog Alex Ross o gerddoriaeth yr 20[fed] ganrif, *The Rest is Noise* (Efrog Newydd: Picador, 2008). Cyhoeddwyd nifer o lyfrau ar sut i gyfansoddi cerddoriaeth ddeuddeg-nodyn, gan gynnwys cyflwyniad gan Smith Brindle, *Serial Composition* (Rhydychen: Gwasg Prifysgol Rhydychen, 1966), a chyfrol glasurol George Perle, *Twelve-tone Tonality* (Berkeley: Gwasg Prifysgol California, 1977).

? A'r ateb i'r cwestiwn dilyniant rhifau yn **1. Alaw a chyfeiliant**? Mae o leiaf bedair enghraifft: E i F♯ yn y baswn; G i A a B i C♯ yn y ffliwt; a B i C♯ yn y baswn.

MINIMALIAETH

PAM MINIMALIAETH?

Fe ddechreuodd cyfansoddwyr ysgrifennu cerddoriaeth Finimalaidd tua diwedd yr 1950au a dechrau'r 1960au mewn adwaith i gymhlethdod cerddoriaeth ddeuddeg-nodyn. Roedd datblygiadau tebyg yn digwydd ym myd arlunio a cherflunio, lle'r oedd artistiaid yn defnyddio siapiau a phatrymau geometrig yn eu gwaith.

BETH YN UNION YW MINIMALIAETH FELLY?

Prif nodwedd Minimaliaeth yw crebachu. Mae cyfansoddwyr Minimalaidd yn mynd ati'n fwriadol i grebachu llawer o'r ffiniau cerddorol megis alaw, harmoni, rhythm, dynameg a gwead.

Roedd enghreifftiau cynnar o gerddoriaeth Finimalaidd yn radical yn eu hymdrech eithafol i grebachu. Er enghraifft, cau nodyn yn unig a ddefnyddir mewn darn a gyfansoddwyd gan La Monte Young yng Ngorffennaf 1960 – cyfwng 5ed (perffaith) agored yng nghleff y trebl (B o dan C ganol ac F♯, y gofod cyntaf yng nghleff y trebl), gyda'r cyfarwyddyd amhenodol a phenagored, 'i'w ddal am amser hir'. Pa mor hir yw 'amser hir'? Deng munud? Deg awr? Deng niwrnod? Neu ddeng mlynedd? Yn y darn hwn, mae bron i HOLL ffiniau cerddoriaeth wedi eu crebachu – yr alaw, harmoni a rhythm wedi eu crebachu i ddim ond UN sŵn.

Bwriad y darnau arbrofol cynnar oedd rhoi sioc a her, ond fe sylwodd cyfansoddwyr fel Philip Glass, John Adams a Michael Nyman ar y newidiadau hyn, a dechrau cyfansoddi mewn arddull lai eithafol o Finimilaidd.

SUT YDW I'N CYFANSODDI CERDDORIAETH FINIMALAIDD?

Mae nifer o nodweddion yn perthyn i gerddoriaeth Finimalaidd. Dylai deall sut maen nhw'n gweithio eich helpu i gyfansoddi cerddoriaeth yn yr arddull hon. Dyma nhw:
1. Curiad ac ailadrodd parhaus
2. Nodau cynnal a dronau
3. Efelychiant (h.y. copïo) rhwng darnau, yn enwedig canonau
4. Patrymau modylol
5. Patrymau cylchol ac ychwanegiadol
6. Cytseinedd a chyweiredd

Does dim angen i chi ddefnyddio'r HOLL dechnegau hyn mewn UN darn, ond fe allech chi yn sicr gyfuno rhai ohonynt mewn ffyrdd gwahanol.

Beth am i ni adnabod pob un yn unigol ac awgrymu ffyrdd y gellid eu defnyddio.

1	Curiad ac ailadrodd parhaus

Fel llawer o gerddoriaeth roc a phop, mae llawer o ddarnau Minimalaidd yn sefydlu curiad rheolaidd ar ddechrau'r darn ac yn glynu ato tan y diwedd.

Mae agoriad *Music for Eighteen Musicians* gan Steve Reich yn enghraifft dda. Mae'r darn clasurol hwn o gyfnod cynnar yr arddull Finimalaidd yn dechrau gyda chylch o un ar ddeg cord, pob un yn ymdoddi i'r nesaf. Y cordiau hyn yw sail yr holl waith, sy'n rhoi teimlad o undod i'r cyfanwaith.

Gwrandewch ar adran agoriadol TRAC 23 a cheisiwch ddilyn y cordiau ar allweddell, neu gwrandewch arnynt yn cael eu chwarae ar biano – TRAC 24.

Dewis arall fyddai cael ffrind i'ch helpu a rhoi cynnig ar chwarae'r dilyniant cordiau eich hun. Ceisiwch ymdeimlo â'r math o harmonïau cyfoethog y mae Reich yn hoff o'u defnyddio yma:

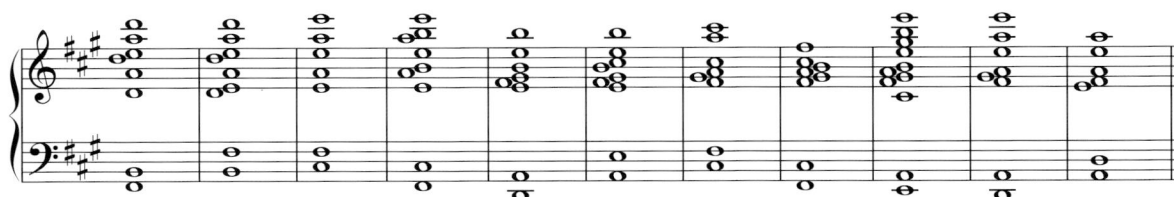

Yn ychwanegol at y cordiau pentwr ar ddechrau'r darn, mae Reich hefyd yn sefydlu ac yn cadw curiad rheolaidd drwy'r darn hwn drwy ailadrodd yn gyson. Ond nid yw'r gerddoriaeth yn aros yn ei hunfan. Mae'n esblygu yn gyson drwy'r newidiadau graddol yn y patrymau cerddorol a ailadroddir.

2 Nodau cynnal a dronau

Fel y gwelsom eisoes o enghraifft La Monte Young, mae rhai darnau Minimalaidd yn defnyddio synau yn cael eu dal am hir yn hytrach nag ailadrodd. Mae Brian Eno, cyfansoddwr atmosfferig a chynhyrchydd bandiau roc megis U2 a Coldplay, wedi defnyddio dronau fel sail i amryw o'i ddarnau. Mae Eno yn creu cyferbyniad yn ei gerddoriaeth ddrôn drwy, yn gyntaf oll, greu haenau o wahanol seiniau, ac yna amrywio pa mor hir y caiff pob sain ei ddal. Mae'n gwneud hyn yn y symudiad '1/2' allan o'i waith amgylchynol enwog, *Music for Airports*.

Chwiliwch am y darn yma ar y we os medrwch chi.

Fe allech chi wneud rhywbeth tebyg i Eno drwy gymryd cord ac yna ailadrodd pob nodyn yn ôl nifer gwahanol yr eiliadau a ddangosir wrth bob nodyn. Byddai hyn yn creu gwead diddorol o nodau yn gorgyffwrdd yn ogystal â chreu cydchwarae rhythmig.

TRAC 25 Mae'r enghraifft hon yn cymryd y set ganlynol o bum nodyn ac yn eu hailadrodd am hydoedd gwahanol, fel y dangosir isod.

Tybed a fedrwch chi ddyfalu ar ba ddilyniant rhifau y seiliwyd y patrwm hwn? (Cewch yr ateb ar ddiwedd y bennod hon.)

Ailadroddir bob 2 eiliad
Ailadroddir bob 3 eiliad
Ailadroddir bob 5 eiliad
Ailadroddir bob 8 eiliad
Ailadroddir bob 13 eiliad

Mae llun o'r cynllun traciau ar gyfer enghraifft 25 wedi ei gynnwys isod. Mae hwn yn dangos yn glir sut y mae pob nodyn yn symud ar gyflymder ychydig bach yn wahanol i'w gilydd, ac felly yn creu gwahanol gyfuniadau gyda'i gilydd. Fe ychwanegwyd trac offerynnau taro a rhan bas hefyd i greu mwy o amrywiaeth, ond mae sail y darn yn dal yn Finimalaidd. Ceisiwch ddilyn y diagram wrth wrando ar y gerddoriaeth.

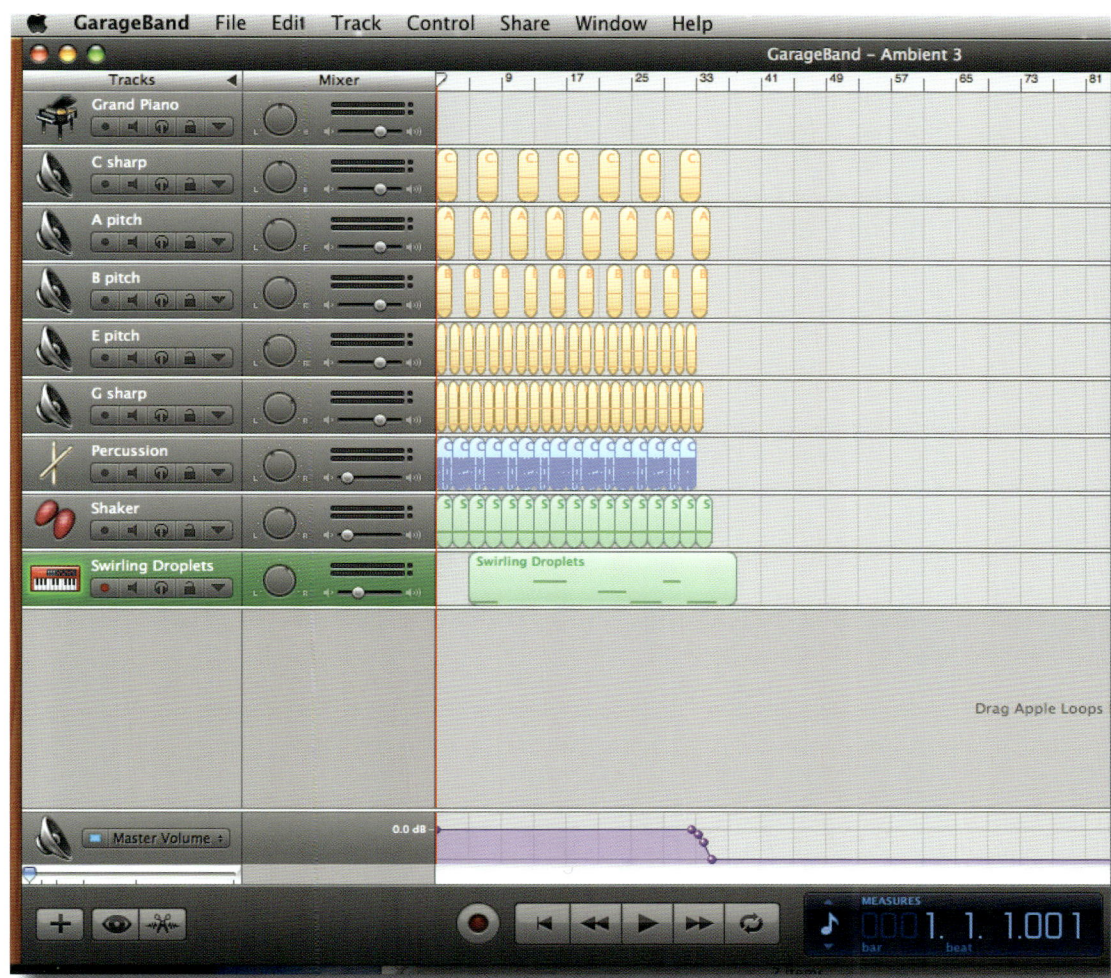

Beth am i chi greu eich cord pum nodyn eich hun a threfnu bod pob nodyn yn cael ei ddal am nifer gwahanol o guriadau? Os yw'r cord yn troi'n anniddorol, beth felly am gyfuno dilyniant tebyg i'r patrwm un ar ddeg cord a ddefnyddiwyd gan Reich yn ei *Music for Eighteen Musicians* (tudalen 58) gyda'r ailadrodd cylchol a geir yn *Music for Airports* gan Eno?

3 | Efelychiant (h.y. copïo) rhwng darnau, yn enwedig canonau

Nid mewn cerddoriaeth Finimalaidd yn unig y clywir efelychiant, wrth gwrs, ond mae'n chwarae rhan bwysig iawn ynddi. Y chwarae efelychiadol hwn rhwng gwahanol rannau neu linellau sy'n aml yn rhoi cymaint o amrywiaeth i gerddoriaeth Finimalaidd. Weithiau gelwir hyn yn 'gydweddu' (*phasing*). Mae Steve Reich wedi defnyddio efelychiant yn fwy helaeth nag unrhyw gerddor Minimalaidd arall. Dyma ddwy enghraifft o sut y mae wedi gwneud hyn:

Mae'r dyfyniad hwn, o'i waith cynnar *Piano Phase*, yn enghraifft o efelychiant union-debyg rhwng dwy ran. Y term traddodiadol i ddisgrifio hyn yw 'canon' (meddyliwch am *Frère Jacques*). Ond yn wahanol i ganon confensiynol, mae Reich yn hoff o ddefnyddio efelychiant bron yr un fath rhwng y ddwy ran. Yma, mae Piano 2 yn chwarae'r un patrwm yn union â Phiano 1, ond yn chwarae 2, 3, 4 … 11, 12, 1 yn hytrach na symud o 1 i 12, fel y mae Piano 1 yn ei wneud. Unwaith eto, effaith hyn yw niwlogi'r ddwy ran unigol, a chreu sŵn harmonig diddorol.

Dyma i chi dasg heriol: crëwch batrwm sy'n ailadrodd (*sequence*) yn Piano 1 ar Cubase, Logic neu unrhyw feddalwedd recordio, ailgylchwch hwn drosodd a throsodd, a rhoi cynnig ar chwarae patrwm Piano 2 yr un pryd ag ef. Rhedwch y patrwm yn wirioneddol araf i ddechrau. Efallai y byddwch yn sylwi y bydd eich clustiau yn dechrau clywed gwahanol nodau a gwahanol synau tra bydd hyn yn digwydd. Cyfansoddir cerddoriaeth Finimalaidd yn aml er mwyn creu yr effeithiau arbennig hyn. Yn union fel delwedd 'llygad hud', efallai y byddwch yn sylwi'n sydyn ar bethau sy'n digwydd wrth wrando ar ddarn Minimalaidd nad oeddynt yno ar y dechrau, er gwaetha'r ffaith nad oes dim wedi newid ar yr wyneb.

Mae'r ail enghraifft o efelychiant, allan o ddarn o'r enw *Six Pianos*, yn dangos Reich yn adeiladu un rhan efelychiadol yn erbyn rhan arall sy'n gyflawn:

Sut mae hyn yn gweithio? Mae Piano 3 yn chwarae'r dilyniant wyth-nodyn cyflawn o'r dechrau'n deg, ond mae Piano 4 yn graddol adeiladu'r un patrwm, ond mewn canon. Felly erbyn i ni gyrraedd bar 8 mae'r ddwy ran yn chwarae'r un patrwm wyth-nodyn, ond fod Piano 4 ddau guriad cwafer ar ôl Piano 3 (fel y dangosir gan y rhifau uwchben y ddwy ran).

TRAC 26

Drwy amrywio'r patrwm rhythmig mewn un rhan, mae Reich yn sicrhau bod y gerddoriaeth yn datblygu, er yn raddol iawn.

> Syniad arall am ddarn fyddai i chi adeiladu patrwm wyth-nodyn tebyg i'r un uchod, ac yna geisio chwarae'r un patrwm yr un pryd, ond gan ddechrau ar guriad gwahanol. Pan fyddwch wedi creu cyfuniad addas, gweithiwch yn ôl i'r pwynt lle mae Reich yn dechrau yn *Six Pianos*, drwy ddewis ac ychwanegu nodau yn raddol sy'n perthyn i'r rhan efelychiadol. Unwaith eto, i wneud bywyd yn fwy diddorol, efallai y dylech gyfansoddi 3-4 o batrymau efelychiadol perthynol i ddechrau, yna dyfeisio ffordd o adeiladu gwead diddorol drwy ddefnydd o efelychiant.

4 | Patrymau modylol

Mae'r patrymau ailadroddus yn cynnwys grŵp o nodau sydd fel arfer yn aros yn yr un drefn, ond does dim byd yn eich rhwystro rhag newid trefn y nodau hyn. Y term a ddefnyddir gan amlaf i ddisgrifio grŵp o nodau y gellir eu symud o gwmpas mewn unrhyw drefn yw 'modylol'. Gellir edrych ar y patrymau hyn hefyd fel celloedd melodig – mae prosesau modylol yn gyfrwng i ysgogi triniaeth ddychmygus o'r celloedd melodig yma.

Mae patrymau modylol yn wych am ysgogi amrywiadau bychain mewn gwead sydd fel arall yn weddol sefydlog – i'r dim ar gyfer cyfansoddi Minimalaidd!

> Dyma i chi ffordd o ddefnyddio proses fodylol yn eich darn:
>
> a) cymerwch bum traw – dyweder C, D, E, F, G – a'u labelu 1, 2, 3, 4, 5;
> b) cymerwch y rhif canol a gweithio bob yn ail o'r chwith i'r dde i greu cyfuniad newydd: 3, 2, 4, 1, 5. Aildrefnwch y trawiau i gyd-fynd (E, D, F, C, G);
> c) cymerwch yr ail gyfuniad a gwneud yr un fath; dylech gael 4, 2, 1, 3, 5 (neu F, D, C, E, G);
> ch) wrth wneud hyn unwaith eto dylech gael y patrwm agoriadol yn ôl: 1, 2, 3, 4, 5 (C, D, E, F, G).

Yma, mae'r patrwm yn gyfyngedig i bum nodyn, ond dydyn nhw ddim yn dilyn ei gilydd yn yr un drefn bob amser. Wrth gwrs, mae'r dilyniant C, D, E, F, G yma braidd yn ddisgwyliadwy, felly mae angen i chi feddwl am batrwm sy'n cynnwys set fwy diddorol o nodau, gyda siâp mwy diddorol iddo.

> Efallai y gallai'r cord pum-nodyn a ddefnyddiwyd yn **2. Cynnal nodau a dronau**, C♯, A, B, E, G♯, ildio dilyniant modylol mwy diddorol.

5 Patrymau cylchol ac ychwanegiadol

Rydym eisoes wedi sôn am batrymau cylchol wrth edrych ar ddronau, ond mae dulliau diddorol a chyffrous hefyd o ddefnyddio cylchoedd rhythmig. Roedd Glass yn hoff o ddefnyddio'r rhain yn ei waith cynnar.

Dyma sut: cymerwch ffigur tri-nodyn (C, E, F dyweder) a dechrau ei ailadrodd fel y dangosir ym mar 1 isod. Yna cymerwch ffigur pum-nodyn (G, C, D, E, G dyweder) a dechrau ei ailadrodd uwchben y patrwm arall. Yr hyn a gewch yw dau gylch rhythmig sy'n ailgylchu ynghyd bob pymtheg curiad cwafer (3 x 5 = 15).

Wrth gwrs, byddai angen i chi ddatblygu'r syniad hwn ymhellach er mwyn gwneud iddo weithio mewn darn o gerddoriaeth go iawn. Dim ond ymarferion yw'r rhain wedi'r cyfan. Byddai angen gwneud newidiadau i'r traw yn ogystal â'r rhythm. Mewn gwirionedd, mae llawer o gerddoriaeth ôl-Finimal y cyfansoddwr Americanaidd John Adams yn cael ei rhoi at ei gilydd fel hyn – mae'n sefydlu patrwm cylchol, yn ei ailadrodd a'i ddatblygu am dipyn, ac yna yn mynd ymlaen i un arall. Mae hyn yn creu egni a momentwm, yn ychwanegol at amrywiaeth. Mae agoriad *A Short Ride in a Fast Machine* gan Adams yn sefydlu cyfres o batrymau cylchol, er enghraifft.

Mae patrymau ychwanegiadol yn gweithio yn debyg iawn. Fel y dangosir yn yr enghraifft uchod, clywir grŵp o 3 yn chwarae ar draws grŵp o 5. Gellid newid hyn fymryn yn hwyrach i 4 ar draws 6, drwy ychwanegu un nodyn i'r ddau grŵp (G, dyweder, yn y grŵp tri-nodyn ac A yn y grŵp pum-nodyn).

TRAC 27 Gwrandewch ar atgynhyrchiad piano o'r enghraifft ganlynol:

6   Cytgord a chyweiredd

Yn holl enghreifftiau'r bennod hon, defnyddir cytgordiaeth gerddorol yn aml. Wrth 'cytgord', golygir synau yr seiliedig ar raddfeydd mwyaf a lleiaf a thriadau. Mae hyn yn nodwedd o'r rhan fwyaf (ond nid y cyfan) o gerddoriaeth Finimalaidd. Hyd yn oed os edrychwn ar y cordiau cymhleth sy'n ymddangos ar ddechrau *Music for Eighteen Musicians* gan Steve Reich, maen nhw i gyd yn seiliedig ar nodau sy'n perthyn i gywair A fwyaf, er y byddai'n anghywir dweud bod y darn yn A fwyaf. Drwy gyfuno nodau o raddfa A fwyaf sy'n swnio'n fwy anghytseiniol, mae Reich yn creu set ddiddorol iawn o gordiau.

> Ceisiwch beidio â glynu at batrymau syml C fwyaf-G fwyaf, a rhoi nodau ychwanegol at y cordiau hyn. Neu beth am geisio cyfuno'r cordiau eu hunain, gan fod pob nodyn yng nghord C a G ar gael yng ngraddfa C fwyaf?

SUT YDW I'N CYFANSODDI DARN MINIMALAIDD DA?

Fe gaiff cerddoriaeth Finimalaidd ei beirniadu yn aml am fod yn 'anniddorol', 'mynd i nunlle' a 'diffyg datblygiad'. Mae rhai myfyrwyr yn osgoi cyfansoddi yn yr arddull hon oherwydd bod arnynt ofn colli marciau am gyfansoddi cerddoriaeth Finimalaidd. Y broblem fwyaf yw bod cerddoriaeth Finimalaidd yn aml yn gwneud defnydd helaeth o ailadrodd, ac fe all hyn wneud i'r gerddoriaeth swnio'n undonog. Er mwyn osgoi sefyllfa lle mae'ch darn Minimalaidd yn mynd yn undonog, ceisiwch:

- daro ar syniad cerddorol gwirioneddol gryf sy'n werth ei ailadrodd;
- amrywio y patrymau ailadroddus a ddefnyddir gennych fel bod y gerddoriaeth yn esblygu'n barhaus;
- feddwl am ffyrdd y gallwch newid y patrymau yn eich darn drwy gynnwys rhai nodau ychwanegol, symud y patrwm i fyny neu i lawr, neu newid cymeriad rhythmig y syniad.

Dyma enghraifft o ddarn Minimalaidd anniddorol.

Ceisiwch ei chwarae ar y piano:

Bo Ring - Minimaliaeth Ddiog

Moderato ♩ = 76

Beth sy'n anniddorol am y darn? Mae'r syniad cerddorol ei hun yn un gwan a does dim newidiadau o un bar i'r llall. Mae'r rhan uchaf yn taro'r un hen nodyn – D – far ar ôl bar. Mae'r ddwy law yn cadw at yr un rhythm. Nid oes dim amrywiaeth yma. Dyma enghraifft o gerddoriaeth 'torri a gludo' – ailadroddir y bar cyntaf yn gyson heb unrhyw newid.

> Sut y byddech chi'n mynd ati i wneud y darn hwn yn fwy diddorol?

Meddwl am ailadrodd

Mae'n werth cofio bod ailadrodd yn gallu golygu llawer o wahanol bethau mewn cerddoriaeth. Fe allwch chi wneud iddo olygu gwahanol bethau yn eich cerddoriaeth chi hefyd. Dyma rai enghreifftiau:

- ailadrodd tawel yn siglo (megis plentyn yn cael ei suo i gysgu);
- ailadrodd mecanyddol (megis trên yn gwibio ar hyd rheilffordd neu beiriant mewn ffatri);
- ailadrodd gorffwyll (megis yr 'olygfa gawod' enwog o'r ffilm *Psycho*, gyda'r *glissandi* yn cael ei ailadrodd drosodd a throsodd i ddynodi osgo trywanu yr ymosodwr).

Mewn traciau sain ffilm megis *The Hours* a *The Illusionist*, mae'r cyfansoddwr Minimalaidd Philip Glass yn defnyddio ailadrodd i greu ymdeimlad o anniddigrwydd ac ansicrwydd. Ceisiwch wylio ffilm sy'n cynnwys cerddoriaeth Glass a gwrandewch ar sut mae'n defnyddio ailadrodd i adeiladu tyndra. Tybed a fedrwch chi greu awyrgylch tebyg yn eich cerddoriaeth chi? Os yw'n help, meddyliwch am ddarn sy'n seiliedig ar un o'r mathau ailadroddus a ddisgrifiwyd uchod.

BRIFF CYFANSODDI

Cyfansoddwch ddarn sy'n para tua 3 munud ar gyfer piano unawdol gan ddefnyddio o leiaf DDAU o'r canlynol:

1. Curiad ac ailadrodd cyson
2. Nodau cynnal a dronau
3. Efelychiant (h.y. copïo) rhwng rhannau, yn enwedig canonau
4. Patrymau modylol
5. Patrymau cylchol ac ychwanegiadol
6. Cytgord a chyweiredd

Cadwch yr argymhellion hyn mewn cof:

Cynllunio
- Cynlluniwch y darn yn ofalus ymlaen llaw – gwnewch fraslun o gyfres o gordiau a allai fod yn sail i bob adran yn eich darn.
- Os mynnwch, defnyddiwch olygfa o ffilm fel canllaw.

Datblygu
- Os ydych yn gwneud defnydd helaeth o ailadrodd, sicrhewch fod eich syniad cerddorol yn ddigon diddorol o ran alaw, harmoni a rhythm.
- Ceisiwch amrywio'r patrymau ailadroddus a ddefnyddir gennych.
- Peidiwch â thorri a gludo barrau o un adran i'r llall.

Ystyried
- A yw'r darn yn ddigon diddorol?
- Ydw i wedi defnyddio a datblygu digon ar y technegau a amlinellwyd uchod?
- Ydw i wedi chwarae drwy'r darn, neu wedi gwrando'n ôl arno ar recordiad?

Mae'r agoriad canlynol allan o ddarn Minimalaidd yn cynnwys enghreifftiau o rai o'r syniadau y soniwyd amdanynt yn y bennod hon.

Chwaraewch drwyddo, neu gwrandewch arno ar y CD a chanlyn y cyfan ar y sgôr.

TRAC 28

Mae'r darn hwn yn dangos y canlynol:
1. dealltwriaeth o adeiledd – mae'n ffurfio rhan gyntaf darn i'r piano mewn dwy neu efallai dair adran;
2. mae'n datblygu syniadau cerddorol – mae ffigur ostinato dau-nodyn yn y rhan uchaf yn newid o far i far ac mae llinell fas yr alaw hefyd yn datblygu;
3. defnydd priodol o offerynnau – defnyddir canol cwmpas y piano, ond mae lle i ddatblygu eithafion uchaf ac isaf y cwmpas yn hwyrach yn y darn;
4. dealltwriaeth o ddulliau gweithredu harmonig – mae'r darn yn dechrau drwy archwilio'r berthynas hanner-tôn rhwng A leiaf ac A♭ fwyaf, ond yna yn symud ymlaen i archwilio harmonïau cysylltiedig eraill;
5. cysondeb arddull – defnyddir amryw o dechnegau Minimalaidd yn y darn; ceir ymdeimlad o gyfanrwydd a chysondeb yn y gerddoriaeth.

PG Tips?

Newid mewn gwead - rhannau uchaf ac isaf yn cyfnewid

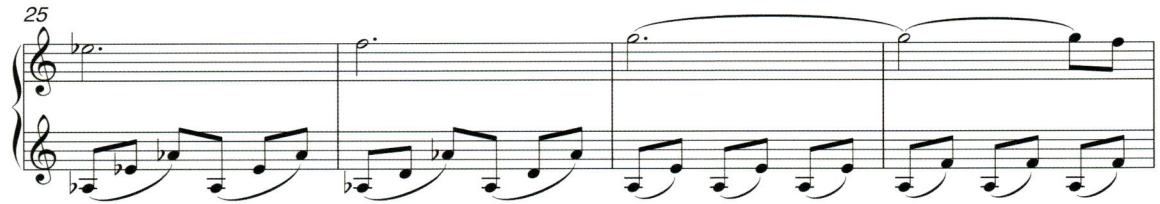

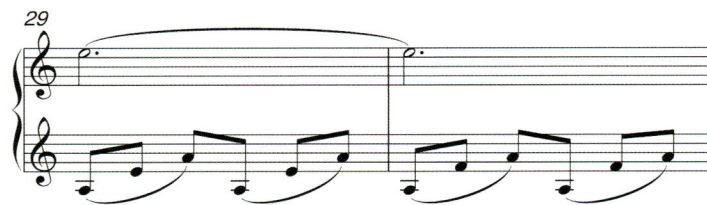

DARLLEN PELLACH

Os am ddisgrifiad o wreiddiau Minimaliaeth mewn celfyddyd a cherddoriaeth, darllenwch *Minimalism: Origins* gan Edward Strickland (Gwasg Prifysgol Indiana, 1993). Os am ddisgrifiad manylach o gerddoriaeth Finimalaidd, chwiliwch am *Minimalists* gan K. Robert Schwarz (Gwasg Phaidon, 1996).

A'r ateb i gwestiwn y dilyniant rhifau yn **2. Nodau cynnal a dronau**? Cyfres Fibonacci – cyfres sy'n creu rhifau drwy gymryd y ddau rif blaenorol i greu y nesaf: 1, 1, 2, 3, 5, 8, 13, 21, 34, 55, 89 ...

ROC A PHOP

PAM ROC A PHOP?

Mae gan bob canrif ei cherddoriaeth boblogaidd – o ganeuon gwerin yn cael eu trosglwyddo o un genhedlaeth i'r nesaf i gerddoriaeth wedi ei masgynhyrchu (Ragtime a Tin Pan Alley) ar ddechrau'r 20^{fed} ganrif. Mae cerddoriaeth roc a phop yn enghraifft fwy diweddar.

Ymddangosodd roc tua dechrau a chanol yr 1960^{au} yng nghaneuon bandiau megis The Beatles, The Rolling Stones a The Who. Datblygodd y bandiau hyn sŵn uwch, wedi ei chwyddleisio, na'r roc a rôl cynharach, gan ysgrifennu a chyfansoddi eu cerddoriaeth eu hunain, ac yn y pen draw gymryd rheolaeth dros werthoedd cynhyrchu stiwdio hefyd.

Ar yr un pryd fe ymddangosodd ffurf ysgafnach, fwy masnachol, yn seiliedig ar y siartiau, o'r enw 'pop'. Roedd Cliff Richard yn enghraifft gynnar nodweddiadol o'r arddull ysgafnach hon. Ers hynny mae dwsinau o grwpiau wedi cyfansoddi caneuon sydd yn tueddu at bop, megis Abba a'r Bee Gees yn ystod yr 1970^{au} neu Madonna yn yr 1980^{au} hwyr a'r 1990^{au}. Mae cerddoriaeth roc a phop wedi parhau ochr yn ochr. Ers yr 1980^{au}, mae bandiau roc megis U2 ac Oasis wedi dal ati i gynhyrchu cerddoriaeth roc, tra bo llawer o fandiau llwyddiannus – megis Coldplay – wedi llwyddo i gyfuno arddull roc a phop.

BETH YN UNION YW CERDDORIAETH ROC A PHOP FELLY?

O fewn gofod un bennod byddai'n amhosibl cynnig crynodeb manwl o nodweddion arddull cerddoriaeth roc a phop. Fodd bynnag, mae gan lawer o ganeuon roc a phop rai elfennau sylfaenol allweddol yn gyffredin. Wrth gwrs, mae cerddor neu grŵp pop yn aml iawn yn cyfansoddi cân yn reddfol, heb fod angen darllen nac ysgrifennu cerddoriaeth. Dywedir bod hyd yn oed cân a saernïwyd mor 'berffaith' â *Yesterday* Paul McCartney wedi dod iddo fel fflach o ysbrydoliaeth. Mae'n well gan y rhan fwyaf o gerddorion pop felly ystyried eu hunain fel 'ysgrifenwyr' yn hytrach na'r disgrifiad mwy crand 'cyfansoddwr'. Ac eto, fel gyda phob cerddoriaeth, fe ellir trafod pop yn unol â chyfres o reolau a phatrymau sy'n rheoli ei gynnwys o ran alaw, harmoni, rhythm, ffurf a gwead.

SUT YDW I'N CYFANSODDI CERDDORIAETH ROC A PHOP?

Mae'r rhan fwyaf o ganeuor roc a phop yn cyfuno'r elfennau canlynol mewn ffyrdd gwahanol: rhythm, alaw, harmoni a strwythur. Mae gwead a gosod geiriau yn ffordd ddefnyddiol o gyflwyno'r cyfansoddwr roc a phop i'r 'cynhwysion' neu'r cydrannau hyn, felly byddwn yn sôn am hynny gyntaf.

| 1 | Gwead a gosod geiriau |

Gwead
Mae'r tabl ar dudalen 68 yn ymgais i grynhoi gwead sylfaenol y rhan fwyaf o ganeuon pop:

Cydran gerddorol	Chwaraeir gan...
Alaw	Prif leisydd, grŵp lleisiol, neu offeryn unawdol megis prif gitâr, sacsoffon neu allweddell.
Harmoni	Gitâr rhythm, gitâr acwstig, allweddellau, piano, organ, lleisiau cefndir, adran bres (trwmped, sacsoffonau a thrombonau).
Llinell fas	Gitâr fas, bas dwbl, syntheseiddydd bas, pedalau ar organ Hammond ac ati.
Rhythm	Set o ddrymiau (drwm bas, drwm gwifren, hi-hat, tom-toms, *floor tom*, symbalau), offerynnau taro (congas, bongos, maracas, ffyn *claves* ac ati).

Wrth gwrs, nid pob cân bop sy'n defnyddio'r holl gynhwysion hyn, ond mae'n syndod faint ohonyn nhw sydd yn gwneud hynny. Mae rhai caneuon pop yn ymgorffori nodweddion gwead mwy cymhleth, megis cyfalawon, ac mae eraill yn hepgor un o'r elfennau yn llwyr.

TRAC 29 Fel enghraifft, beth am gymryd y gân *My Generation* gan The Who.

Ym mha ffordd y mae'r gân hon yn dangos llawer o nodweddion gwead arferol roc, ac ym mha ffordd y mae hi hefyd yn wahanol i'r arfer? Yn yr agoriad byr, mae *My Generation* ar unwaith yn sefydlu gwead tair haen nodweddiadol, yn cynnwys rhythm (ar set o ddrymiau), llinell fas (ar gitâr fas) a harmoni (ar gitâr drydan). Yna mae'r prif leisydd yn taro i mewn gyda'r brif alaw, gan sefydlu gwead 'galw ac ateb' rhwng y prif leisydd a'r lleisiau cefndir:

Prif leisydd (galw): *'People try to put us down...'*
Lleisiau cefndir (ateb): *'Talkin' 'bout my generation...'* ac ati.

Mae *My Generation* yn cydymffurfio â threfn weadol cân roc gonfensiynol. Dim ond mewn un lle y mae'r gân yn symud oddi wrth y patrwm hwn – pan glywir unawd offerynnol hanner ffordd drwy'r gân. Yn y cyd-destun hwn fel arfer byddai'r unawd offerynnol yn cael ei chwarae gan y brif gitâr, ond yn anarferol, clywir yr unawd yma ar y gitâr fas. Felly mae swyddogaeth y gitâr fas yn newid yn ystod yr unawd offerynnol hon – mae'n newid o fod yn gosod sylfaen harmonig i'r gân i chwarae prif linell yr alaw. Wrth ysgrifennu cân bop, meddyliwch bob amser am sut y medrwch chi gydymffurfio, a hefyd symud oddi wrth yr hyn sy'n arferol.

Gosod geiriau

Y drefn weadol a ddisgrifiwyd uchod fel arfer sy'n gosod y sylfaen lle gellir clywed a deall y geiriau. Mae geiriau, wrth gwrs, yn bwysig iawn mewn canu pop, ac mae llawer o gyfansoddwyr pop hefyd yn gyfansoddwyr geiriau talentog hefyd. Mae'n fonws os medrwch chi ysgrifennu eich geiriau eich hun, gan y gallai defnyddio geiriau o gân sydd eisoes yn bod wneud i chi feddwl gormod am y gerddoriaeth oedd yn mynd gyda'r geiriau yn y gwreiddiol. Mae'n anodd iawn darllen y llinell *'Talkin' 'bout my generation'* heb feddwl am gân The Who, er enghraifft.

Gallwch ysgrifennu eich geiriau eich hun neu ddewis geiriau rhywun arall – ond waeth pa un, ni fydd yn effeithio ar asesiad eich gwaith. Ni fyddwch yn colli nac ennill marciau oherwydd safon eich geiriau. Os yw'r geiriau yn ysgogi eich syniadau creadigol, yna gorau oll. Os yw'n well gennych beidio â chreu eich geiriau eich hunain, darllenwch drwy unrhyw nifer o ganeuon pop i weld pa rai sy'n apelio atoch chi. Fel arall, edrychwch am gerdd gyda geiriau syml, neu eiriau cân werin, er enghraifft. Fe all geiriau yn aml helpu i greu yr awyrgylch emosiynol priodol mewn cân.

2 | Rhythm

Rhythm efallai yw'r agwedd bwysicaf – yr elfen fwyaf amlwg yn sicr – o gerddoriaeth roc a phop. Yn y maes hwn (a rhai cysylltiedig, megis curiad a mydr) y gwelir y gwahaniaeth mwyaf o'i gymharu â ffurfiau cerddorol eraill. Er enghraifft, fe allai darn o gerddoriaeth Glasurol gynnwys patrymau rhythmig gwahanol, ond anaml iawn y byddem yn clywed curiad gwaelodol yn cael ei chwarae drwyddo draw. Mae cerddoriaeth bop yn amlygu rhythm a churiad yn y caneuon. Swyddogaeth offerynnau taro yn gyffredinol, a'r set ddrymiau yn benodol, yw gwneud strwythur cân bop yn glywadwy. Dyma'r elfen sy'n aml yn gyrru cân bop yn ei blaen, ac yn rhoi ansawdd ddynamig iddi.

Mae'n bosibl gwneud i gyfres o gordiau araf swnio'n wahanol iawn os cânt eu cynnal gan batrwm drwm a bas gwyllt.

TRAC 30 Gwrandewch ar y trac *Seven*, sy'n dod o CD casgliad 'Drwm a Bas'.

Pe baech yn tynnu'r rhannau rhythm allan o'r trac, sut y byddai'n swnio tybed?

> Rhowch gynnig ar gael hyd i ddolen, neu gyfres o ddolenni, drwm a bas prysur (pam na wrandewch chi ar yr hyn sydd ar gael ar GarageBand, er enghraifft?), yna gosodwch eich harmonïau araf uwch eu pennau. Fe allech chi greu eich harmonïau drwy dynnu ar fodd neu raddfa, fel y disgrifir yn yr adrannau canlynol.

Yr arwydd amser mwyaf cyffredin o ddigon ar gyfer cân roc neu bop yw 4/4, a bydd y patrwm rhythmig mwyaf sylfaenol yn cynnwys y drwm bas yn chwarae ar guriad 1 a 3, y drwm gwifren ar 2 a 4 a'r hi-hat neu'r symbal *ride* yn cadw amser drwy chwarae ar bob curiad cwafer. Yr enw ar hyn yw rhythm elfennol (*straight rhythm*). Wedi ei nodiannu ar gyfer drymiwr, byddai'r patrwm sylfaenol 4/4 hwn yn edrych fel hyn:

TRAC 31 Gwrandewch ar y CD i glywed y patrwm hwn.

Hi-hat ar bob curiad cwafer

Set ddrymiau

Drwm gwifren ar guriad 2 a 4

Drwm bas ar guriad 1 a 3

Bydd drymwyr yn defnyddio'r patrwm hwn fel sail i nifer o amrywiadau sylfaenol. Dyma'r tri amrywiad ar batrwm 4/4.

TRAC 32 Gwrandewch ar y CD i glywed y patrymau hyn. Chwaraeir pob un bedair gwaith:

Set ddrymiau

Yn yr amrywiadau hyn, dim ond y rhythm ar y drwm bas sydd wedi newid, er bod drymwyr yn aml yn agor yr hi-hat ar y curiad cwafer olaf i ychwanegu amrywiad hefyd. Mewn gwirionedd, mae'r drwm bas yn aml yn atgyfnerthu yr un rhythm â'r gitâr fas mewn gwead roc.

TRAC 33 Dyma rai riffiau gitâr fas sy'n copïo'r drwm bas yn union yn y tri amrywiad 4/4 uchod:

TRAC 34 Yn awr, gwrandewch ar y llinellau bas hyn a gyplyswyd gyda'r patrymau drwm ar y CD:

Fe allwn ni alw'r cyfuniad o batrwm rhythmig sylfaenol a'r llinell fas yn 'sylfaen gerddorol' cân roc. Mae'n beth defnyddiol yn aml i adeiladu cân ar y sail hon. Beth am ddechrau gydag un o'r patrymau rhythmig a awgrymir uchod ac yna cyfansoddi riff gitâr i gyd-fynd? Yna, uwchben hyn, cyfansoddwch gyfres o gordiau yn seiliedig ar un neu fwy o foddau (a drafodir yn yr adran ddilynol), neu unrhyw gyfres arall o gordiau sydd gennych. Bellach mae gennych sail ar gyfer gwead cân bop arferol.

Rydym wedi sôn am sut mae curiad y drwm bas yn newid pwyslais, yn dibynnu ar gyfraniad y gitâr fas. Yn yr un modd, bydd newid pwyslais ar y drwm gwifren yn cynhyrchu patrwm gwahanol:

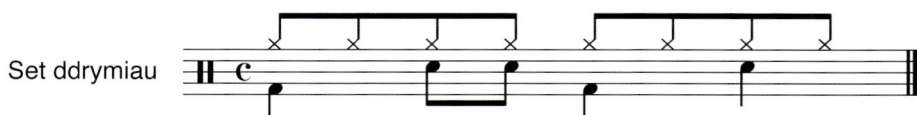

Mae nifer o draciau gan Roy Orbison o ddechrau'r 1960au yn defnyddio'r patrwm croesacennog hwn ar y drwm gwifren (megis *Only the Lonely*).

TRAC 35 Gwrandewch ar y trac hwn, a chanolbwyntio ar ran y drwm gwifren. Yn yr holl enghreifftiau ar dudalennau 69-70, mae'r patrwm rhythmig yn syth; hynny yw, mae pob patrwm rhythmig yn seiliedig ar israniadau neu ymestyniadau o guriad crosiet sylfaenol. Mae pob patrwm yn deillio o rannu DAU (h.y. 2 gwafer = 1 crosiet; 2 grosiet = 1 minim; 2 minim = 1 hanner brif, ac ati).

Fodd bynnag, mae math arall o rythm a geir mewn pop a roc yn seiliedig ar raniadau o DRI yn hytrach na DAU, a gelwir hwn yn *shuffle rhythm*. Yn hytrach nag ailadrodd llif cyson o gwaferi drwy far 4/4, mae'r rhythm *shuffle* yn cymryd nodyn cyntaf ac olaf rhythm tripled (1 a 3) ac yn eu hailadrodd, fel a ganlyn:

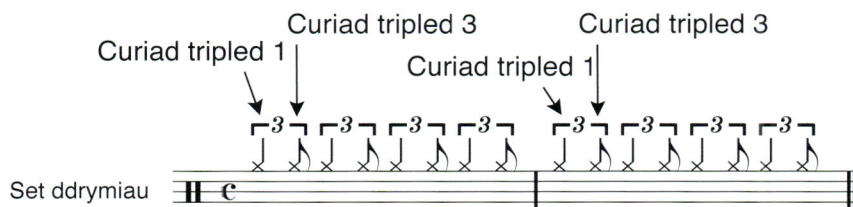

TRAC 36 Ceisiwch gyfrif '1-2-3' yn eich pen am bob curiad crosiet wrth wrando'n ôl ar yr enghraifft hon.

TRAC 37 Byddai patrwm drwm cyflawn yn seiliedig ar y rhythm *shuffle* fel arfer yn cynnwys y canlynol:

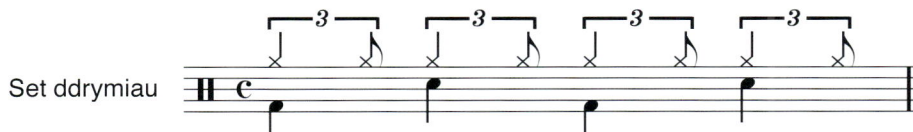

Unwaith i chi sefydlu patrwm rhythmig sylfaenol ar gyfer eich cân, ceisiwch ychwanegu rhai amrywiadau cynnil yn y rhannau drwm a tharo. Bydd y rhain yn help i ychwanegu amrywiaeth rythmig a chyferbyniad.

3 Alaw

Mae bron pob cân bop yn cynnwys alaw o ryw fath; hynny yw, cyfres o nodau sy'n creu, wrth eu cydosod, rywbeth y gallem ei hymian, ei chwibanu neu ei ganu. Nid yw pob alaw yn ymddangos yn y llais neu'r rhannau lleisiol. Mae cân bop lwyddiannus fel arfer yn cynnwys alaw ganadwy (sy'n 'cydio'), ond mae diffinio beth yn union yw alaw sy'n cydio mewn gwirionedd yn eithaf anodd. Mae alaw McCartney i *Yesterday* yn ffitio'r hyn y gellid ei galw yn alaw 'glasurol'.

Rhowch gynnig ar ei chanu hi neu gydchwarae gyda recordiad o'r gân.

Yes-ter-day, all my trou-bles seemed so far a-way,

Now it looks as though they're here to stay,___ Oh,

I be-lieve___ in yes-ter-day.___

Mae hi'n dechrau gyda datganiad tri-nodyn byr ar ddau nodyn (A a G) ar y gair 'Yes-ter-day', cyn cychwyn ar siwrnai fach, yn codi'n uchel uwchlaw'r nodyn 'tonydd' G, gan droi ddwywaith mewn cylch cyn dod i orffwys dros dro ddau gam uwchben y G, ar 3ydd nodyn cord G fwyaf, B. Felly mae siâp hyfryd a chytbwys yn perthyn i frawddeg McCartney.

Enghraifft arall lawn mor 'glasurol' yw alaw cân The Beach Boys, *God Only Knows*.

TRAC 38 Gwrandewch ar y gân hon a cheisiwch ysgrifennu ei siâp melodig hi.

Yna rhowch gynnig ar ysgrifennu eich alaw eich hun yn seiliedig ar siâp tebyg i un o'r alawon hyn.

Roedd partner cyfansoddi caneuon McCartney yn The Beatles, John Lennon, yn mynd ati mewn ffordd bur wahanol yn aml i ysgrifennu alawon, gan greu alawon yn seiliedig ar ystod gyfyng iawn o nodau – weithiau dim ond dau neu dri traw. Mae ei gytgan i *All You Need is Love* yn enghraifft hyd yn oed o alaw un nodyn, o leiaf yn y ddwy frawddeg gyntaf.

Canwch neu hymiwch yr alaw.

All you need is love,___ All you need is love,

All you need is love,___ love, Love is all___ you need.

Mae Lennon yn gwneud iawn am symlrwydd yr alaw hon drwy newid y cordiau oddi tani – mae'n gosod tri chord gwahanol o dan yr alaw un nodyn – G, A7 a D7. Fe ddylanwadodd y dull 'llai sy'n fwy' lawer ar gyfansoddwyr caneuon wedi hynny. Er enghraifft, nid yw alaw agoriadol *Wonderwall* gan Oasis yn gwahaniaethu fawr ddim oddi wrth y syniad un nodyn hwn.

> Rhowch gynnig yn awr ar ysgrifennu alaw un neu ddau nodyn, ond ceisiwch amrywio'r harmonïau oddi tani.

Gellir gosod llawer o alawon pop yn syml mewn un ai graddfa neu fodd. Er ein bod fel arfer yn meddwl am raddfa mewn cywair lleiaf neu fwyaf, gan bwysleisio'r nodyn tonydd yn fwy nag unrhyw un arall (megis nodyn C yn C fwyaf, neu nodyn A yn A leiaf), fe adeiladwyd llawer o ganeuon pop, yn enwedig y ffurfiau cynnar megis y *blues* neu *rhythm a blues*, o gwmpas math wahanol o raddfa – y raddfa *blues*.

Mae graddfa *blues* yn debyg i'r raddfa bentatonig, graddfa bum nodyn yn seiliedig ar nodau duon y piano (gweler y bennod ar 'Argraffiadaeth' sy'n sôn am ddefnydd Debussy o'r raddfa hon). Ysgrifennwyd y raddfa bentatonig ddwywaith yn yr enghraifft isod – yn gyntaf fel y gellid ei chwarae ar y nodau duon, a'r ail wedi ei thrawsgyweirio i gychwyn ar C.

> Chwaraewch y fersiynau canlynol o'r raddfa bentatonig ar eich offeryn. Ceisiwch chwarae gwahanol drawsgyweiriadau os medrwch:

Adeiledir y raddfa *blues* drwy ychwanegu nodau ychwanegol rhwng ail a thrydydd nodyn, trydydd a phedwerydd, pumed a chweched (neu gyntaf) nodyn y raddfa bentatonig. Mae'r nodau ychwanegol yn pontio'n gromatig dros y lle gwag rhwng nodau gwreiddiol y raddfa. Byddai graddfa *blues* ar C felly yn defnyddio E♮ rhwng E♭ ac F, F♯ rhwng F a G, a B♮ rhwng B♭ a C.

> Yn awr, chwaraewch drwy'r raddfa bentatonig ganlynol, gan ychwanegu'r nodau *blues*.

> Yna rhowch gynnig ar greu alawon yn seiliedig ar y nodau hyn:

Nodau 'blues' y raddfa bentatonig

Seiliwyd nifer o alawon *blues*, neu frawddegau byr bachog a elwir yn aml yn 'riffiau', ar y raddfa hon. Cymerwch y riff o *Hoochie Coochie Man* gan Muddy Waters, er enghraifft, sy'n defnyddio tri nodyn cyntaf y raddfa (cafodd y riff ei drawsgyweirio yma o'r raddfa wreiddiol E i C).

TRAC 39 Gwrandewch ar agoriad y trac hwn gan Waters.

> Chwaraewch drwy'r riff, os medrwch, ar biano, allweddell, gitâr neu sacsoffon (cynhwyswyd tab gitâr er mwyn gwneud pethau'n haws i'w darllen os ydych yn chwarae gitâr):

Er bod modd crynhoi holl nodau Muddy Waters o fewn un raddfa bentatonig bur, mae ychwanegu nodau a oslefwyd yn gromatig o'r raddfa *blues* at y riff hwn yn creu effaith debyg.

Chwaraewch drwy'r amrywiadau canlynol ar drac Waters.

Fe allech chi, pe baech chi'n dymuno, ychwanegu llinell fas rythmig i gyd-fynd – ailadroddwch C isel gan ddefnyddio'r rhythm canlynol:

Gitâr fas

Nodau 'blues'

Gitâr drydan

Gallai amrywiadau eraill gynnwys:

Nodau 'blues'

Gitâr drydan

Nodau 'blues'

Gtr. dr.

Ceisiwch chwarae gyda phatrymau gwahanol yn seiliedig ar y raddfa *blues* ac fe allech chi greu rhai siapiau melodig diddorol ar gyfer cân, neu gyfansoddiad offerynnol, mewn arddull *blues*.

4 Harmoni

Un ffordd ddefnyddiol o greu alaw a harmoni mewn roc a phop yw drwy ddefnyddio moddau. Mae cyfansoddi moddol yn nodwedd o nifer o arddulliau'r 20fed ganrif, gan gynnwys Argraffiadaeth, cenedlaetholdeb, jazz a roc.

Un modd a ddefnyddir yn aml mewn harmoni roc a phop yw'r modd micsolydiaidd. Mae'r enghraifft ganlynol yn dangos y modd micsolydiaidd, yn dechrau ar C, ac yna yn creu cyfres o driadau uwchlaw pob nodyn:

Micsolydiaidd (TTHTTHT)

Cord 7fed wedi'i feddalu

Pa gordiau sydd felly yn ymddangos yn y modd hwn? A fedrwch chi eu henwi? Ceisiwch eu strymio ar gitâr, neu eu chwarae ar allweddell. Mae'r modd micsolydiaidd yn boblogaidd mewn caneuon pop oherwydd ei ddefnydd o gord y 7fed wedi ei feddalu. Caiff y cord hwn ei greu allan o 7fed cam y raddfa ficsolydiaidd, sy'n creu tôn gyfan rhyngddi'i hun a'r nodyn tonydd (fel y dangosir uchod yn y cordiau mewn cromfachau). Bydd modd micsolydiaidd ar C felly yn defnyddio cord B♭ fwyaf, gan fod B♭ yn creu 7fed wedi'i feddalu gyda C. Yn yr un modd, bydd G fwyaf yn defnyddio F, neu A fwyaf yn defnyddio G. Defnyddir y 7fed wedi'i feddalu mewn amryw o foddau eraill hefyd.

Mae nifer y dilyniannau cordiol y gellir eu cynhyrchu allan o un modd yn ddi-ben-draw. Dyma i chi ddeg patrwm pedwar cord wedi eu cymryd o'r modd micsolydiaidd.

Chwaraewch drwyddynt gan ailadrodd pob patrwm pedwar cord gymaint o weithiau ag y dymunwch, ac mewn rhythm o'ch dewis chi:

Rhowch gynnig yn awr ar gyfansoddi eich set eich hun o gordiau. Os na fedrwch chi benderfynu ar ddilyniant o gordiau, pam na chymerwch chi fodd a'i gordiau a chyfansoddi cyfres o batrymau cordiol? Does dim rhaid i chi gyfyngu eich hun i ddim ond un modd. Efallai mai dim ond man cychwyn ar gyfer alaw neu ddilyniant cordiol yw'r modd. Efallai y byddwch am gyfuno dau neu fwy o foddau, neu gymysgu un modd gyda'r raddfa *blues*, fel y gwneir mewn llawer o ganeuon pop. Ceisiwch arbrofi gyda phatrymau moddol a harmonïau yn seiliedig arnynt – efallai y dewch ar draws rhywbeth diddorol.

Yn yr un ffordd ag y gellir creu alawon a riffiau o foddau neu'r raddfa *blues*, gellir hefyd greu cordiau. Y cordiau mwyaf cyffredin mewn cerddoriaeth bop, wrth gwrs, yw'r cord mwyaf neu leiaf sy'n cynnwys y nodyn gwreiddyn (neu donydd), 3ydd mwyaf neu leiaf, a 5ed y cord, er enghraifft:

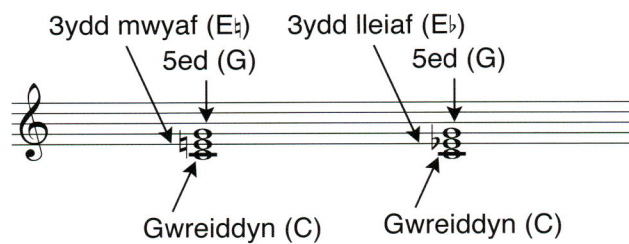

Chwaraewch drwy'r cordiau hyn ac yna ceisiwch chwarae cymaint o wahanol fersiynau â phosibl (e.e. D fwyaf, E leiaf, F♯ fwyaf, B♭ leiaf, ac ati).

Mae amryw o arddulliau roc yn pwyso'n drwm ar y cordiau mwyaf a lleiaf. Mewn arddulliau megis roc trwm neu fetel trwm, defnyddir yr hyn a elwir yn 'gordiau pŵer' ar sain gitâr yn cael ei goryrru, sy'n hepgor 3ydd nodyn y cord yn llwyr, megis y riff adnabyddus hwn gan Deep Purple yn eu cân *Smoke on the Water*:

TRAC 40

Sylwch fod y riff hwn yn seiliedig ar y raddfa *blues* ar G, gan ddefnyddio nodau G, B♭, C, a D♭. Tra bo cordiau pŵer yn gweithio'n dda ar gyfer *genres* megis *grunge*, *thrash* neu *death metal*, mae llawer o ganeuon yn ceisio creu mwy o amrywiaeth a chymhlethdod harmonig drwy ychwanegu nodau ychwanegol at y triad sylfaenol. Er enghraifft, gellir ychwanegu nodyn B at gord C fwyaf i greu cord 7fed mwyaf, fel yn y dilyniant cordiol enwog o *Imagine* gan John Lennon. Mae Lennon yn ychwanegu B at y triad C fwyaf 'arferol' ar ddiwedd y bar cyntaf. Mae'r effaith yn syfrdanol – ac yn trawsnewid sain y gân yn llwyr.

Ceisiwch chwarae neu wrando ar agoriad y gân hon:

C fwyaf   C fwyaf 7fed!   F fwyaf

Cord 7^{fed} arall a ddefnyddir yn aml yw'r hyn a elwir yn gord '7^{fed} y llywydd', pan ychwanegir B♭ at driad C fwyaf. Defnyddir cordiau o'r fath yn rhydd mewn cerddoriaeth bop, heb roi gormod o sylw i reolau a chonfensiynau sefydledig. Cymerwn gord 7^{fed} y llywydd, er enghraifft. Mewn harmoni clasurol, mae hwn yn ymddangos fel arfer yng nghyd-destun diweddeb ar ddiwedd brawddeg, lle mae cord 7^{fed} y llywydd (megis C7) yn adfer i'r tonydd (F):

V7   I

Fodd bynnag, mewn roc a phop mae 7^{fed} y llywydd yn aml yn digwydd y tu allan i'r rheolau hyn. Fe'i defnyddir yn aml dim ond er mwyn rhoi mwy o liw i gord. Cymerwch y dilyniant *blues* deuddeg-bar, er enghraifft (a drafodir yn yr adran nesaf, **5. Adeiledd**). Mae'r dilyniant hwn fel arfer yn cynnwys tri chord – I, IV a V (megis A fwyaf, D fwyaf ac E fwyaf). Un ffordd o wneud dilyniant harmonig fel hwn yn fwy diddorol fyddai troi pob cord yn 7^{fed} y llywydd. Felly, yng nghywair A, byddai A7 yn cynnwys nodyn G yn ychwanegol at A, C♯ ac E; byddai E7 yn cynnwys D yn ychwanegol at E, G♯ a B; a byddai D7 yn cynnwys C yn ychwanegol at D, F♯ ac A. Sylwer nad oes yr un o'r 7^{fedau} hyn yn adfer, fel y byddent mewn cerddoriaeth glasurol.

Ceisiwch ganfod cân sy'n defnyddio cordiau *blues* deuddeg-bar yn y ffordd yma. Ceisiwch gydchwarae â'r gân ar y piano neu'r gitâr.

Un cam pellach fyddai newid pob 7^{fed} y llywydd i 9^{fed} y llywydd; byddai A9 felly yn cynnwys nodau A, C♯, E, G a B; byddai E9 yn cynnwys nodau E, G♯, B, D ac F♯, fel y gwelir yn yr enghraifft ganlynol:

A - E - D   A7 - E7 - D7   A9 - E9 - D9

Nid yw 'ffidlan' harmonig fel hyn yn gwneud lles i bob cân ac arddull – mae'n dibynnu i raddau ar ba arddull a chyd-destun y dewiswch. Ond fe all newidiadau harmonig fel hyn gyfleu arddull arbennig. Er enghraifft, byddai ychwanegu 6^{ed} yn hytrach na 7^{fed} i driad sylfaenol yn creu sŵn unigryw – byddai ychwanegu cord 6^{ed} ar C (C, E, G ac A) efallai yn awgrymu cerddoriaeth o Hawaii neu Ganu Gwlad.

Os yw'n addas ar gyfer yr arddull yr ydych yn cyfansoddi ynddi, ceisiwch arbrofi drwy ychwanegu gwahanol nodau i'r cordiau a ddefnyddir gennych – bydd hyn yn ychwanegu lliw a chyferbyniad.

Mae'n bwysig i gân bop neu roc ddangos lefel uchel o ddealltwriaeth harmonig a rheolaeth, ond dim ond lle bo hynny'n briodol y dylid defnyddio amrywiaeth eang o gordiau. Weithiau fe all llai o gordiau gael mwy o effaith ar gân na dwsinau o wahanol rai. Mae *Tomorrow Never Knows* gan The Beatles yn enghraifft dda iawn.

Mae'n bwysig cofio, er mwyn cael marciau da am gyflawni'r meini prawf asesu ar gyfer harmoni, bod disgwyl i'r ymgeisydd ddefnyddio 'ystod eang a chymhleth o gordiau'. Does dim disgwyl i neb wneud hyn ar gyfer pob adran mewn cân, ond un dasg gyfansoddi addas efallai fyddai cyfansoddi pennill o gân yn seiliedig ar drôn, a chyferbynnu hynny gydag ystod ehangach o gordiau.

Techneg harmonig arall sy'n werth ei harchwilio yw sefydlu ac ailadrodd yr un dilyniant o gordiau, ac amrywio'r llinell fas. Mae'r band roc Americanaidd Journey yn gwneud hyn yn eu sengl lwyddiannus, *Who's Crying Now*. Ers yr 1980au bu hwn yn ddilyniant clasurol mewn roc Americanaidd.

TRAC 41

Chwaraewch drwy riff agoriadol y gân. Sylwch sut mae'r cordiau yn y rhan uchaf yn aros yn gymharol ddigyfnewid tra bod y bas yn symud o A i F i D, yna yn ôl i A:

Ceisiwch gyfansoddi dilyniant o gordiau sy'n ailadrodd tra bo'r llinell fas yn symud mewn dilyniant, fel yn yr enghraifft uchod gan Journey. Fe allai hyn fod yn sail i gân debyg i *Who's Crying Now*.

5 Adeiledd

Yn yr un ffordd ag y mae harmoni a rhythm yn seiliedig ar batrymau a fformiwlâu, mae llawer o ganeuon pop a roc hefyd yn defnyddio ffurfiau a strwythurau sydd eisoes yn bod. Mae'r rhan fwyaf o ganeuon pop yn cynnwys pennill a chytgan. Fe all pennill a chytgan fod yn wahanol iawn i'w gilydd o ran alaw, naws, harmoni, ac yn y blaen, neu fe allent fod yn debyg, neu hyd yn oed yr un fath yn union. Mae ffurf *blues* deuddeg-bar yn enghraifft o adeiledd lle mae'r pennill a'r cytgan ill dau yn seiliedig ar yr un patrwm harmonig (neu un tebyg iawn). Fel y mae'r enw'n awgrymu, mae'r *blues* deuddeg-bar yn ymestyn dros ddeuddeg bar. Yng nghywair E, byddai'r patrwm yn edrych fel hyn:

Mae rhai caneuon pop yn defnyddio ffurf fwy 'clasurol' gyda phennill (P) a chytgan (C) bob yn ail. Cyfeirir at y ffurf P-C-P-C-P-C hon yn aml fel ffurf 'stroffig', a gellir ei chlywed yng nghaneuon cyfansoddwyr Rhamantaidd megis Schubert neu Schumann. Mewn caneuon pop fe ychwanegir adran gyferbyniol o bryd i'w gilydd, neu *middle 8* (M8), cyn i'r pennill a'r cytgan ddychwelyd i gloi, gan greu yr adeiledd hwn: P-C-P-C-M8-P-C. Ar wahân i greu cyferbyniad, mae'r 8 cancl (*middle 8*) yn symud y gerddoriaeth (a'r geiriau hefyd o bosibl) i ffwrdd o brif thema'r gân. Weithiau fe gynhwysir darn offerynnol (Off) yn y rhan hon, ynghyd â (neu yn lle) yr wyth canol, gan greu yr adeiledd canlynol: P-C-P-C-P-C-M8-Off-C (neu P-C-P-C-P-C-Off-C). Mae'n syniad da bob amser i ymgorffori 8 canol a/neu doriad offerynnol (yn ogystal â newid cywair) yn eich cân, gan fod hyn yn dangos dealltwriaeth dda o gydbwysedd, ffurf ac adeiledd.

Er bod cyfran uchel o ganeuon roc a phop yn seiliedig ar adeileddau stroffig, mae rhai yn seiliedig ar ffurfiau di-dor. Nid yw ffurfiau o'r fath yn ailadrodd adran flaenorol mewn unrhyw ffordd amlwg. Un o'r enghreifftiau mwyaf adnabyddus yw'r *Bohemian Rhapsody* gan Queen. I bob pwrpas does gan y gân ddim pennill na chytgan sy'n ailadrodd; yn hytrach mae hi'n symud o un adran i'r nesaf. Pa bynnag adeiledd y penderfynwch ei fabwysiadu ar gyfer eich cân chi (ac mae llawer yn dibynnu ar y geiriau sydd wrth law, wrth gwrs), byddwch yn barod i roi cynnig ar syniadau gwahanol. Recordiwch a gwrandewch yn ôl ar y caneuon a baratowyd gennych, a meddyliwch am ffyrdd i'w gwella, un ai drwy amrywio'r gwead, harmoni, alaw neu adeiledd, neu drwy ddatblygu yr hyn sydd yno eisoes.

SUT YDW I'N CYFANSODDI CÂN ROC NEU BOP DDA?

BRIFF CYFANSODDI

Cyfansoddwch gân yn para tua 3-4 munud, gan ddefnyddio'r syniadau a awgrymwyd yn y bennod hon (mae'r rhain yn ymddangos wrth yr eiconau cyfansoddi). Ystyriwch y pwyntiau canlynol wrth i chi gynllunio, datblygu ac edrych yn ôl ar eich cân. Cyflwynir y rhain gyda golwg ar y canllawiau asesu mewnol:

Cynllunio
Adeiledd
- Defnyddiwch un o'r adeileddau a amlinellwyd yn y bennod hon fel sail i'ch cân (stroffig, deuddeg-bar, di-dor, ac ati).
- Sicrhewch fod digon o gyferbyniad o ran pennill, cytgan ac 8 canol.
- Mae angen i'ch cyfansoddiad ddangos dealltwriaeth eglur o gydbwysedd, ffurf ac adeiledd.

Harmoni, alaw a rhythm
- Os ydych yn gweithio ar ffurf pennill-cytgan, cynlluniwch eich llinell alaw a dilyniant y cordiau yn gyntaf. Meddyliwch am y math iawn o batrwm drymiau

i fynd gyda'r gân. Gwnewch fraslun o'ch syniadau i ddechrau, neu recordiwch nhw yn syth i'ch cyfrifiadur.

- Ceisiwch fod yn greadigol gyda harmoni. Meddyliwch am gordiau sy'n mynd y tu hwnt i driadau mwyaf/lleiaf sylfaenol, a cheisiwch greu dilyniannau harmonig diddorol.
- Cofiwch ddangos rheolaeth dda ar iaith harmonig addas.

Gwead

- Cofiwch eich bod yn ysgrifennu ar gyfer offerynnau penodol.
- Meddyliwch am gwmpas yr offerynnau a'r lleisiau. Sicrhewch fod yr hyn a gyfansoddwch yn ganadwy ac yn chwaraeadwy.
- Rhaid i chi ddangos sensitifrwydd wrth ddewis a defnyddio offerynnau a/neu seiniau o syntheseiddydd.

Datblygu

- Os yw'ch alaw yn gweithio o gwmpas set gyfyngedig o nodau, ceisiwch ddatblygu harmoni, rhythm a lliw er mwyn ychwanegu cyferbyniad.
- Os ydych yn gweithio ar alaw eang ei natur, peidiwch â cheisio cymhlethu pethau'n ormodol o ran harmoni a rhythm.
- Os yw'r gweadau a ddefnyddir gennych yr un fath drwy'r adeg, gofynnwch i'ch hunain tybed a fedrwch ddatblygu'r seiniau hyn mewn rhyw ffordd.
- Os yw'r rhythm 4/4 ar y drymiau yn rhy syml, pam na ychwanegwch chi ran offeryn taro arall er mwyn cael mwy o amrywiaeth?

Ystyried

- A yw'r gân yn ddigon diddorol?
- Beth fedraf i ei wneud i'w gwella?
- Ydw i wedi defnyddio a datblygu digon ar y technegau a amlinellwyd yn y bennod hon?
- Ydw i wedi chwarae drwy'r trac ac wedi gwrando'n ôl ar yr hyn a gyfansoddais? A fedraf i wella cynhyrchiant sain y gân drwy ychwanegu datseinedd, oedi, panio neu effeithiau eraill?

A'r ateb i'r cwestiwn yn **4. Harmoni**?
C fwyaf, D leiaf, E leiaf, F fwyaf, G fwyaf, A leiaf, B♭ fwyaf.

CÂN SIOE GERDD

PAM CÂN SIOE GERDD?

Y gân yw'r garreg sylfaen a'r elfen fwyaf hanfodol mewn darn llwyddiannus o sioe gerdd.

BETH YN UNION YW CÂN SIOE GERDD FELLY?

Defnyddir amrywiaeth fawr o ffurfiau gan gyfansoddwyr sioeau cerdd, yn dibynnu yn bennaf ar bwnc y geiriau. Er enghraifft:
- y faled – mynegi emosiwn cryf, e.e. profiadau o gariad;
- y gân gomedi – mynegi hiwmor;
- y gân mewn golygfa ddramatig – cân sylweddol sy'n adeiladu at uchafbwynt.

SUT YDW I'N CYFANSODDI CÂN SIOE GERDD?

Er mwyn creu cân sioe gerdd lwyddiannus, mae angen cael rhai cynhwysion cerddorol allweddol yn eu lle:
- creu alaw mewn partneriaeth â'r geiriau;
- creu strwythur harmonig cytbwys;
- sgorio'r cyfeiliant ar gyfer cerddorfa.

Mae'r cynhwysion hyn yn rhan hanfodol o'r broses o adrodd y stori.

Beth am ddechrau drwy edrych ar sut mae'r bobl broffesiynol yn mynd ati: *I Got Rhythm* – clasur o gân a dawns gan y brodyr Ira (awdur y geiriau) a George (y cyfansoddwr) Gershwin o'r 1930au.

TRAC 42

Cyfansoddwyd y gân ar ffurf pennill-cytgan, ond fel gyda chymaint o ganeuon poblogaidd, y cytgan yw'r rhan y mae pobl yn ei chofio, yn rhannol oherwydd bod y geiriau yn aml yn syml ac ailadroddus, ond hefyd oherwydd bod cyfansoddwyr wedi ceisio creu alaw gytgan gofiadwy a fydd yn glynu ym meddyliau pobl.

1   Sut y medraf i gyfansoddi alaw lwyddiannus?

Sut mae George yn mynd ati i gyfansoddi alaw i ffitio geiriau ei frawd Ira? Mae'r cytgan yn cynnwys pedwar pennill, pedair llinell yr un. Fel hyn mae'r pennill cyntaf yn mynd:

'I got rhythm,
I got music,
I got my man,
Who could ask for anything more?'

Dyma dair llinell sy'n debyg i'w gilydd o ran eu siâp rhythmig, tra bo'r bedwaredd linell fymryn yn hirach.

Mae'r llinell gyntaf yn pwysleisio'r gair 'rhythm' – mae Gershwin yn gosod hwn ar guriad trwm yr ail far, ac yn gosod yr holl nodau eraill ar guriadau ysgafn trawsacennog er mwyn creu teimlad sionc a thrawsacennog. Adlewyrchir natur gadarnhaol y geiriau yn yr alaw esgynnol, sy'n defnyddio pedwar nodyn o'r raddfa bentatonig: B♭ C (D) F G:

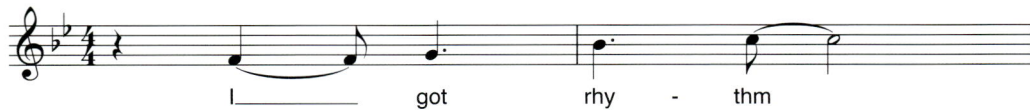

Ar gyfer yr ail linell mae'n cadw at yr un rhythm, a'r un nodau y tu ôl ymlaen:

Sylwch fod Gershwin ar y pwynt hwn yn diweddu ar y llywydd, F (yn nhonydd B♭).

Ar ôl y ddwy frawddeg fer, mae'n clymu'r drydedd a'r bedwaredd linell ynghyd, ond yn ymestyn y cwmpas lleisiol hyd at E♭ y tro hwn ac yn pwysleisio pwysigrwydd geiriau y bedwaredd linell gyda rhythm mwy uniongyrchol, a thrwy ddiweddu ar y tonydd:

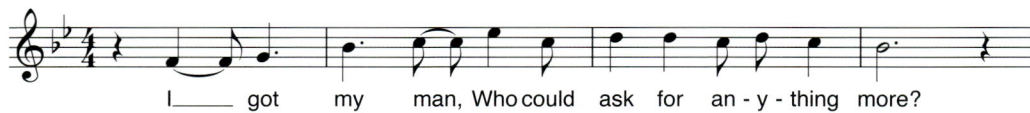

Yn nhermau adeiledd, mae'r alaw 8 bar hon (2+2+4 bar) yn ffurfio'r brif alaw ac felly yn cael ei galw yn 'A'. Gosodir yr ail bennill wedyn i'r un gerddoriaeth.

Mae siâp rhythmig tebyg i'r trydydd pennill hefyd. Fodd bynnag, byddai datganiad tebyg o A eto braidd yn rhy ddisgwyliedig, felly mae Gershwin yn cynnig syniadau melodig newydd – brawddeg 4 bar, sydd wedyn yn cael ei hailadrodd un dôn yn is (4+4 = 8 bar fel yn adran A). Mae hyn yn rhoi digon o gyferbyniad i gael ei galw'n 'B'.

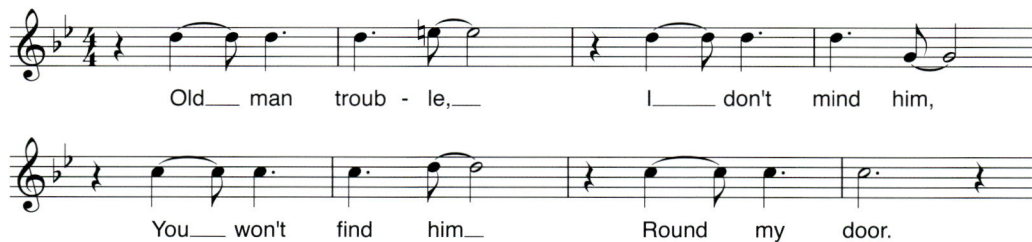

Ar gyfer y pedwerydd pennill, yr olaf, mae Gershwin yn dychwelyd at ddeunydd 'A', a'r tro hwn yn diweddu ar nodyn uchel drwy ymestyn y cwmpas melodig i'r wythfed (F), ac ychwanegu dau far ychwanegol i ailadrodd y llinell olaf:

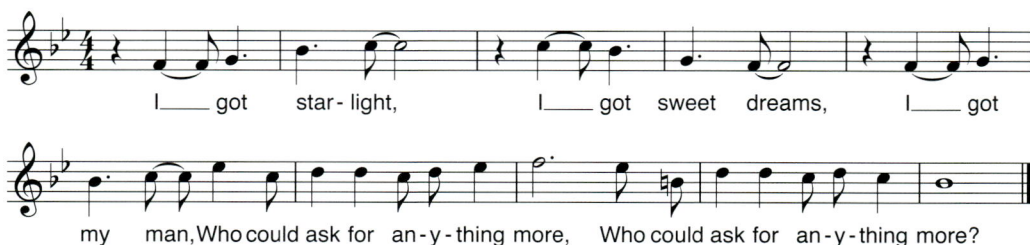

Mae siâp boddhaol a chytbwys iawn i'r alaw orffenedig.

Dyma grynodeb o ffurf a siâp y cytgan:

- A — 2+2+4 bar — cyflwyno'r brif alaw
- A — fel uchod — ailadrodd hyn eto i danlinellu'r pwynt
- B — 4+4 bar — cynnig amrywiaeth
- A — 2+2+4+2 bar — hoelio'r pwynt gyda datganiad terfynol

I grynhoi, mae Gershwin wedi creu'r cytgan hwn o batrwm AABA, pob brawddeg yn cynnwys 8 bar (heb gynnwys yr ailadrodd yn y ddau far olaf). Mae'r adeiledd syml 32 bar/ AABA hwn yn boblogaidd iawn ymhlith cyfansoddwyr sioeau cerdd.

Creu alaw

Cyfansoddwch eich alaw eich hun gan ddefnyddio ffurf AABA. Dechreuwch drwy ganfod prif alaw gref 'A':

- naws – hyd yn oed teitl/geiriau penodol;
- arwydd cywair;
- teimlad o dempo/rhythm (tapio rhythm gyda'ch bysedd?);
- syniad melodig (hymian neu chwarae darn bach o alaw).

Gwnewch restr o'r holl wybodaeth – fe welwch yn fuan iawn fod gennych ddigonedd o syniadau i adeiladu eich cân.

Dwy enghraifft arall o ganeuon AABA llwyddiannus:

Cenir *Unexpected Song* – allan o'r sioe *Song and Dance* gan Andrew Lloyd Webber – gan Saesnes ifanc yn America sy'n ysgrifennu adref at ei mam i ddweud wrthi ei bod o'r diwedd wedi syrthio mewn cariad ac wedi dod o hyd i'w dyn. Mae'r gân yn ffitio adeiledd AABA, er bod pob brawddeg yn yr achos hwn yn 4 bar (yn hytrach nag 8 fel gyda'r adeiledd 32 bar), gan roi i ni adeiledd cyffredinol 16 bar. Mae A a B yn cynnal yr un siâp rhythmig, ond yn gwahaniaethu'n fawr yn eu siâp melodig – tra bo A yn llyfn, ac yn symud fesul cam gan fwyaf, mae B yn dechrau gyda neidiadau mawr:

TRAC 43

Yn *Unusual Way* allan o'r sioe gerdd *Nine* (cerddoriaeth gan Maury Yeston), y gantores, Claudia, yw ffynhonnell awen y cyfarwyddwr ffilm Eidalaidd Fellini, a seren ei ffilm ddiweddaraf. Mae hi'n ysbrydoli Fellini ac mae hi mewn cariad ag ef ond nid yw ef yn deall yr agwedd honno o'u perthynas. Pan ddaw hi i sylweddoli o'r diwedd nad yw yn ei charu mae hi'n canu'r gân hon wrth iddi benderfynu gadael iddo fynd. Mae adrannau A a B fel a ganlyn:

- Adran A – tawel a hiraethus wrth iddi rannu ei meddyliau personol – dangosir hyn yn y gerddoriaeth drwy ddefnyddio symudiadau tôn/hanner tôn.
- Adran B – mae hi'n ymollwng ac yn tywallt ei theimladau at Fellini gan ddweud y drefn – '*You don't know what you do to me*' ac ati. Mae'r alaw yn dechrau ar nodyn uchel ac yn disgyn gan ddefnyddio cyfyngau llydan.

Dyfyniad o A

In a ver-y un-u-su-al way, one time I need-ed you.

Dyfyniad o B

You don't know what you do to me, you don't have a clue.
You can't tell what it's like to be me, look-ing at you.

? Wrth i chi wrando ar y gân hon, a fedrwch chi glywed sut mae llif naturiol y geiriau yn cael ei adlewyrchu yn y gosodiad melodig? Mae Yeston yn adeiladu'r gân drwy ddefnyddio adeiledd AABA.

TRAC 44

Gosod geiriau ar alaw

Cyfansoddwch eich set eich hun o eiriau ac alaw i gyd-fynd. Nid hawdd yw meddwl am eiriau yn y fan a'r lle felly cofiwch gadw pethau'n syml, a thynnu ar eich profiadau o ddydd i ddydd. Mae'r rhan fwyaf o ganeuon y cyfeirir atynt yn y bennod hon yn sôn am emosiynau dynol – cariad, hapusrwydd, cynddaredd, brad, gwrthryfel. Fe allech ddechrau:

- drwy ddychmygu golygfa neu sefyllfa;
- drwy ddewis ychydig o eiriau allweddol sy'n disgrifio sut rydych chi'n teimlo;
- drwy adeiladu ambell i linell allan o'r geiriau yma.

Os dewiswch ysgrifennu ar ffurf pennill-cytgan, sicrhewch ddigonedd o elfennau cyferbyniol ac ailadrodd ochr yn ochr. Cofiwch, y penillion fydd yn adrodd y rhan fwyaf o'ch stori, a'r cytgan yn adlewyrchu teimladau symlach.

Gan ein bod wedi trafod siapiau melodig yn eithaf manwl, beth am i ni droi ein sylw at y cyfeiliant – cordiau a harmoni.

2 | Sut y medraf i greu cyfeiliant harmonig da?

Mae cyfeiliant yn rhan allweddol o unrhyw gân. Yn *repertoire* y sioe gerdd mae angen i gyfeiliant:

- roi cynhaliaeth rythmig a harmonig i'r canwr;
- gynnig rhagor o ddyfnder emosiynol drwy gael y cyfeiliant i wneud sylwadau am y digwyddiadau;
- gynnig elfennau o gyferbyniad i'r llinell leisiol.

Mae canllawiau asesu mewnol CBAC yn argymell y dylech, os am ennill y marciau uchaf, ddangos rheolaeth dda ar iaith harmonig addas, gan ddefnyddio ystod eang o gordiau gyda dilyniannau cryfion a thrawsgyweiriadau wedi eu rheoli'n effeithiol.

? ### Beth yw'r iaith harmonig addas ar gyfer cân sioe gerdd?

Un o'r technegau cyfeilio mwyaf syml yw y 'famp' – cyfres ailadroddus o gordiau a chwaraeir drosodd a throsodd. Mae'r gallu i fampio yn hanfodol i bob pianydd sydd am fod yn *répétiteurs*/cyfeilyddion theatr – sylwer ar y frawddeg a anelir gan lawer o gantorion at y cyfeilydd amyneddgar, 'fampiwch nes 'mod i'n barod i daro mewn'! Mae'r strwythur cordiau hwn yn aml yn helpu i greu teimlad o dyndra.

Yn y sioe gerdd *Into the Woods* gan Stephen Sondheim, mae Little Red Riding Hood yn canu wrth sgipio i gyfeiliant famp o gordiau 7^{fed} wedi eu hychwanegu at lywydd gohiriedig, dyfais a ddefnyddir yn aml gan Sondheim i greu teimlad fod rhywbeth ar fin digwydd (ac fe wyddom beth ddigwyddodd i Little Red Riding Hood!).

Mae'r cyfuniad hwn o fampio ailadroddus syml, gan ddefnyddio cyfuniadau diddorol o gordiau, yn arf pwysig wrth greu cyfeiliant llwyddiannus ar gyfer cân sioe gerdd.

Yn *I Got Rhythm*, mae George Gershwin yn gwahaniaethu'n glir rhwng y cyfeiliant y mae'n ei gyfansoddi ar gyfer y pennill a'r cytgan.

Pennill:
- cywair G leiaf;
- cordiau yn symud yn araf, yn cyfeilio i'r llinell felodig syml sy'n adleisio'r adroddgan mewn opera Glasurol;
- mae Gershwin yn defnyddio amryw o oslefau *blues* (3^{yddau} a 5^{edau} wedi eu meddalu) yn ei harmonïau.

Cytgan:
- symud i'r cywair perthynol mwyaf – B♭ fwyaf;
- mae'r tempo yn fwy cadarnhaol a phendant;
- mae'r cyfeiliant famp yn ychwanegiad pwysig at yr alaw drawsacennog a grybwyllwyd, ac yn rhoi curiad trwm cryf ar y curiad 1^{af} a'r 3^{ydd}.

Mae Gershwin yn defnyddio cordiau diatonig – I, ii, IV a V – fel sail harmonig, ond er mwyn osgoi undonedd ac ychwanegu rhywbeth mwy llachar i'r lliw:
- mae'n ychwanegu 6^{ed}, 7^{fed} a 9^{fed} nodyn y triad;
- mae'n symud yn aml o un harmoni i'r nesaf drwy ddefnyddio llithriadau cromatig;
- mae'n pwysleisio'r dylanwad jazz/*blues* drwy ddefnyddio gwrthdaro enharmonig, 3^{yddau} a 5^{edau} wedi eu meddalu;
- mae'n symud, yn adran B, o gord I i gord VI (yr isfeidion fwyaf) ac yna'n symud i lawr mewn dilyniant i'r llywydd, sy'n ei arwain yn daclus at ailadroddiad o A yn B♭ fwyaf.

Dewis cordiau i gyfeilio i'ch alawon

Mae caneuon sioe gerdd yr 20^{fed}/21^{ain} ganrif yn adlewyrchu ystod enfawr o amrywiaeth harmonig yn eu cyfeiliannau. Mae'r dylanwadau ar gyfansoddwyr wedi bod yn amrywiol iawn:
- iaith harmonig gyfoethog y cyfansoddwyr Rhamantaidd o'r 19^{eg} ganrif;
- dylanwad jazz, *blues* a ragtime o ddechrau'r 20^{fed} ganrif;
- arddulliau cyfansoddi mwy *avant-garde* – gan gynnwys Neoglasuriaeth a cherddoriaeth ddigywair.

Datblygu eich sgiliau harmonig/Dyfeisio cordiau newydd eich hun

Ochr yn ochr â'r holl wrando a dadansoddi ar gerddoriaeth yr hen feistri i gael syniadau ac ysbrydoliaeth, mae'n bosibl i chi ganfod eich arddull harmonig bersonol eich hun – drwy arbrofi. Y gwir syml yw y gallech chi greu set o gordiau ar gyfer eich cân allan o unrhyw gyfuniad o nodau. Mater o gynnig a methu yn aml yw'r broses o ganfod y rhai iawn.

Ni fydd cyfansoddi cyfeiliant i gân drwy ddefnyddio cordiau triad cyffredin yn gwneud argraff ar yr arholwyr – nid dyna yw arddull sioe gerdd. Mae llawer o harmonïau caneuon sioe gerdd yn golygu ychwanegu nodau eraill at wreiddyn, 3^{ydd} a 5^{ed} y triad – 6^{ed}, 7^{fed}, 9^{fed}, fel gyda Gershwin, a hyd yn oed 11^{eg} a 13^{eg}, yn dibynnu pa mor anturus y dymunwch fod.

Cymerwch, er enghraifft, driad C fwyaf gyda 7^{fed} wedi ei ychwanegu – C, E, G, B. Isod fe welwch bedwar cord arall yn seiliedig ar yr un pedwar nodyn gyda hapnodau wedi eu hychwanegu. Chwaraewch nhw ar allweddell a sylwch sut mae pob ychwanegiad yn newid y lliw harmonig.

Drwy ymestyn hyn i gord y 9^{fed} – C, E, G, B, D – a newid gwahanol hapnodau, fe gewch set arall o gordiau. Wrth bentyrru nodau ar ben ei gilydd fe ellir gwneud i'r harmonïau swnio'n drwm a thrwchus. Yn y drydedd enghraifft isod fe gymysgwyd nodau'r cord C, E, G, B, D i greu pedwar cord wedi eu bylchu'n eang. Unwaith eto, chwaraewch y rhain a gwrandewch ar yr effaith.

cord 7fed   cord 9fed

cord 9fed wedi ei wasgaru yn amrywiol

Fe allwch chi yn llythrennol chwarae gydag unrhyw gyfuniad o gordiau mewn unrhyw gywair. Mae hon yn ffordd ardderchog o ddatblygu eich sgiliau harmonig. Peidiwch ag anghofio ysgrifennu'r holl gyfuniadau i lawr a chadw rhestr o'r rhai rydych chi'n eu hoffi fwyaf.

SUT YDW I'N CYFANSODDI CÂN SIOE GERDD DDA?

Mewn cân sioe gerdd dda, mae'r geiriau, yr alaw a'r harmoni i gyd yn gweithio gyda'i gilydd i adrodd y stori.

Mae canllawiau asesu mewnol CBAC yn argymell, er mwyn cael y marciau uchaf, y dylech ddangos creadigrwydd o ran rheoli'r gwead, a threfnu a thrin y timbres mewn ffordd ddychmygus.

Sut y medraf i wneud hyn?

Mae Stephen Sondheim yn feistr pan ddaw hi'n fater o osod geiriau i gerddoriaeth. Mae'n archwilio holl bosibiliadau y geiriau drwy'r gerddoriaeth, ac mae ei gyfeiliannau yn llawn o oslefau cynnil ac ystyron cudd. Ni ellir cyfyngu ei ganeuon i linell leisiol a chordiau gan nad yw'r harmonïau yn cael eu creu fel cordiau, ond fel gwrthbwynt llinellol. Mae POB nodyn yn y cyfeiliant yn berthnasol i'r pwrpas o adrodd y stori.

Yn y faled *Johanna*, allan o sioe gerdd Sondheim, *Sweeney Todd*, mae Anthony yn canu am ei gariad at Johanna, sy'n cael ei chadw yn garcharor gan ei gofalwr creulon. Mae'r gân i gyd yn troi o gwmpas dau harmoni bob yn ail – E♭ ac A♭ pentatonig (e.e. gan ddechrau ar E♭ – E♭, F, G, B♭, C), a hefyd fformiwla ddiweddebol F7/B♭7/E♭. Mae Sondheim yn osgoi cyfyngu ar y llais, ond yn hytrach yn creu gwead agored dros ddau wythfed, yn cael eu chwarae gan y llinynnau a'r delyn. Gweler y pennill cyntaf isod:

TRAC 45

3   **Sut y medraf i sgorio'r cyfeiliant?**

Unwaith eto, mae canllawiau asesu mewnol CBAC yn argymell, er mwyn cael y marciau uchaf, y dylech ddangos sensitifrwydd wrth ddefnyddio lleisiau, offerynnau a seiniau wedi'u syntheseiddio, gan fabwysiadu arddull hynod o idiomatig yn y cyfansoddiad drwyddo draw.

Sut y medraf i wneud hyn?

Yng nghyd-destun cân sioe gerdd, mae angen rhoi sylw manwl:
- i osod y geiriau;
- i'r cydbwysedd rhwng yr offerynnau a ddewiswyd a'r llinell leisiol.

Mae offeryniaeth ddychmygus Sondheim yn cynnwys:
- dyblu'r llais yn ysgafn gyda'r ffliwtiau a'r clarinetau;
- pwyntio'r gwead gyda *pizzicato* gan y delyn;
- creu cyfalawon gyda'r offerynnau chwyth a'r cyrn.

Caiff hyn i gyd ei blethu o gwmpas y llinell leisiol y mae Sondheim yn ei hadeiladu gydag ychydig iawn o nodau. Mae ei gydymdeimlad gyda phoen Anthony wrth ganu ei frawddeg gyntaf, '*I feel you*', yn cael ei grynhoi mewn tri nodyn, y 6ed lleiaf esgynnol – un o'r cyfyngau gorau o ran mynegiant a dyhead – yna'n disgyn hanner tôn. Eisoes fe gafwyd awgrym cynnil o hyn gan y fiolas yn y barrau agoriadol.

Mae peintio geiriau hefyd yn digwydd ar y pwyntiau canlynol:
- symudiad enharmonig – ar ddiwedd bar 13 ar y gair '*dream*';
- barrau 11-12, 13-14, 15-16 – diwedd pob brawddeg yn neidio ymhellach o'r 3ydd i'r 5ed i'r 7fed ac yn y diwedd, yn y pennill olaf mae'n canu 9fed – y cyfwng mwyaf 'hiraethus' – ar y geiriau '*Till I'm with you, then I'm with you there*'.

Mae Sondheim yn adeiladu'r cyfeiliant cerddorfaol wrth i angerdd Anthony gynyddu – mae'n ychwanegu cordiau pres croch cyn yr ail bennill ('*I'll steal you, Johanna*') ac mae'r pennill olaf yn cychwyn gyda datganiad *ff* enfawr o gordiau agoriadol Eb/Ab, gyda'r gwreiddyn wedi ei newid ac offerynnau pres llawn.

4 | Adeileddau cân – sut i greu y gân gyflawn

Gyda golwg ar feini prawf asesu mewnol CBAC, mae angen i'r cyfansoddiad ddangos dealltwriaeth ardderchog o gydbwysedd, ffurf ac adeiledd.

Sut y medraf i wneud hyn?

Gwelir isod dair gwahanol enghraifft o ganeuon y medrwch gael rhai syniadau ohonynt.

1. Cân golygfa ddramatig

Yn y gân *Fable*, allan o'r sioe gerdd *Light on the Piazza* (gan Adam Guettel), mae gwraig tŷ Americanaidd sydd o dan y fawd, Margaret, yn sylweddoli bod ei merch wedi canfod gwir hapusrwydd a chariad ac yn rhoi sêl ei bendith iddi i briodi. Mae'r gân yn sôn am adael i'ch hun syrthio mewn cariad ac anwybyddu'r peryglon, rhywbeth y mae Margaret wedi methu ei weld a'i deimlo yn ei bywyd priodasol ei hun hyd at hynny.

Mae Guettel yn cyfansoddi cân sy'n symffonig o ran syniadaeth – mae'r teimlad o ddatblygiad tymor hir a thyndra sy'n cael ei ddal yn ôl yn rhyfeddol. Ymddengys bod yr iaith gerddorol yn edrych yn ôl at lifeiriant alawon a harmonïau cyfoethog Liszt a Rachmaninov, gyda dylanwad Ravel a Stravinsky ar yr offeryniaeth o ran eu lliw a'u hasbri:
- llinynnau;
- offerynnau chwyth – y ffliwt, obo a cor anglais yn arbennig;
- telyn;
- tympanau ac offerynnau chwyth;
- piano.

Y piano a'r offerynnau llinynnol yw asgwrn cefn y cyfeiliant, gydag effeithiau arbennig (motifau rhythmig, cyfalawon ac effeithiau lliw) gan offerynnau chwyth penodedig, offerynnau taro a thelyn.

TRAC 46

Fel Sondheim, mae Guettel, sef cyfansoddwr y geiriau a'r gerddoriaeth, yn adeiladu ei alaw allan o lond dwrn o nodau sy'n cael eu hymestyn ganddo i adeiladu strwythurau mwy, sy'n gydnaws â'r geiriau. Mae Guettel yn cyfansoddi drwy ddefnyddio symudiad gam wrth gam ar gyfer y llais, sy'n graddol symud yn uwch ac yn lletach wrth iddo estyn at yr uchafbwynt ar y gair 'love' ar F uchaf. Mae'n llithro i mewn ac allan o wahanol arwyddion amser yn aml, yn unol â gosodiad y geir au.

Sylwch hefyd ei fod, fel Sondheim, yn dechrau'r gân gyda famp sefydlog – cordiau piano datgysylltiol, llinynnau cynnal nerfus, a chyfalawon yn cael eu chwarae gan offerynnau chwyth wedi eu dyblu – sy'n adlewyrchu ofn Margaret o syrthio mewn cariad:

Yn yr adran nesaf (bar 27), mae'r cyfeiliant yn newid i wead *legato* llyfn wrth i Margaret ddychmygu mor rhydd y gallai fod be bai hi'n ildio i gariad. Ar y pwynt hwn, mae Guettel yn gosod *arpeggi legato* yn y piano a nodau cynnal yn y llinynnau:

Y ddau wead cyfeiliannol hyn yw asgwrn cefn y gân, ac wrth i Margaret ymgodymu â'i hemosiynau, mae Guettel yn chwarae un yn erbyn y llall, a chloi yn anochel drwy ddod â'r ddau wead ynghyd yn y' uchafbwynt, wrth iddi erfyn ar Clara i '*love if you can and be loved*'.

2. Cân sy'n uno arddulliau cerddorol

Mae'r cyfansoddwr, yr awdur geiriau a'r pianydd Jason Robert Brown yn cyfansoddi mewn arddull ffres a chyfoes sy'n tynnu ar amrywiaeth o idiomau poblogaidd. Yn y gân *Shiksa Goddess*, allan o'r sioe gerdd *The Last Five Years*, mae'n cyfuno adrannau – gydag adran 'A' Ladinaidd (salsa) yn erbyn adran 'B' roc a rôl. Mae hyn yn rhoi digonedd o bosibiliadau iddo o ran amrywiaeth rythmig a harmonig. Ceir hefyd ddigonedd o jazz byrfyfyr ysgrifenedig wrth i'r gân adeiladu hyd at uchafbwynt y pennill olaf. Mae'r geiriau yn sgwrsiol eu natur, a'r gerddoriaeth felly yn llifo'n braf o un adran i'r llall.

TRAC 47

Cafodd *The Last Five Years* ei sgorio ar gyfer piano, gitâr, ffidil, dau sielo, a bas. Mae cyfeiliannau Brown yn cynnwys sawl haen, ac mae'r cyfansoddi ar adegau yn feistrolgar, ond mewn cydymdeimlad llawn â'r geiriau drwy'r amser.

3. Y gân gomedi – canfod yr hiwmor yn y gerddoriaeth

Yn y sioe gerdd *Spamalot*, a seiliwyd ar y ffilm *Monty Python and the Holy Grail*, mae'r actores/gantores sy'n chwarae rhan Lady of the Lake yn aros ers meityn yn ei hystafell wisgo i ymddangos ar y llwyfan ac mae hi wedi hen flino aros. Pan ddaw ei hymddangosiad o'r diwedd yn Act 2 mae hi'n newid ei chymeriad ac yn canu baled bwerus yn arddull y West End, *Whatever happened to my part?*

Mae'r geiriau ynddynt eu hunain yn ddoniol iawn, ond mae'r cyfansoddwyr, John du Prez ac Eric Idle, yn mynd ati i greu hiwmor yn y gerddoriaeth hefyd drwy wneud cyfeiriadau cerddorol at ganeuon y West End a genir fel arfer gyda'r fath emosiwn dwfn a diffuantrwydd mawr!

- Mae llinell fas y cyfeiliant yn symud i lawr fesul cam, fesul hanner tonau yn aml; cedwir at hyn drwy gydol y gân mewn dull grwndfas. Is-deitl y gân yw *Diva's Lament*, sy'n atgoffa rhywun o *Dido's Lament* – yr aria grwndfas enwog a thrasig a gyfansoddwyd gan Henry Purcell (1659-1695) lle mae Dido yn canu cyn iddi farw, '*Remember me when I am laid in earth*'.
- Ceir sawl cyfeiriad o ran rhythm ac alaw yn y gân at gân fyd-enwog arall, *I Dreamed a Dream* allan o *Les Misérables*. Ceisiwch wrando allan amdanynt!
- Fel gyda phob baled bwerus, mae'r adeiladu tuag at uchafbwynt olaf y gân fel arfer yn cynwys codi cywair. Mae Lady of the Lake yn dechrau yn B♭ fwyaf, yn disgyn i lawr i A♭ fwyaf, yn symud i fyny i A fwyaf ar gyfer yr hyn ddylai fod yn frawddeg glo, ond yna yn llithro i lawr i G fwyaf ar gyfer y llinell, '*I might as well go to the pub*'!

Rhai ystyriaethau i gloi

Drwy gydol y bennod hon, fe dynnwyd eich sylw at ganllawiau asesu mewnol CBAC er mwyn eich helpu wrth i chi gynllunio a datblygu eich cân sioe gerdd. Does dim rheol bendant sut i ddechrau cyfansoddi eich cân – er enghraifft, y geiriau, yr alaw, yr harmoni a'r rhythm – fe all unrhyw un o'r rhain fod yn ysgogiad.

Fe welwch isod restr wirio fer i chi ei hystyried wrth i chi wrando ar eich cân a meddwl am ei chynnwys:

Alaw
Ydych chi wedi:
- cyfansoddi eich alaw o fewn cwmpas lleisiol priodol, e.e. soprano neu fas?
- adlewyrchu emosiynau'r geiriau yn yr alaw?

- cynnal y llif rhythmig sydd mewn cytgord â'r geiriau?
- datblygu eich syniadau melodig wrth i'r gân fynd rhagddi?

Harmoni/Cyfeiliant
Ydych chi wedi:
- creu cyfeiliant sy'n gweddu i bwnc y gân?
- defnyddio dosbarthiad cytbwys ac amrywiol o gordiau, e.e. cordiau 6^{ed}, ac ychwanegu 7^{fedau}/9^{fedau}?
- dangos dychymyg a sensitifrwydd wrth ddefnyddio offerynnau yn y cyfeiliant?
- cadw cydbwysedd priodol rhwng alaw a chyfeiliant?

Manylion pwysig eraill
Ydych chi wedi:
- ychwanegu teitl?
- ychwanegu marciau tempo?
- argraffu'r geiriau o dan yr alaw?
- ychwanegu gwybodaeth am fynegiant – dynameg, ynganiad, atalnodi?

Y gân orffenedig
- Oes yna deimlad cryf o adeiledd yn perthyn i'ch gosodiad cerddorol?
- A yw'r syniadau cerddorol yn datblygu yn unol â'r geiriau?

BRIFF CYFANSODDI

Gan ddefnyddio'r wybodaeth a gasglwyd uchod, rhowch gynnig ar un o'r tasgau isod:

1. Dewiswch olygfa o ryw ddrama rydych chi'n ei hoffi, dewiswch eiriau ohoni a'u gosod ar gerddoriaeth.
2. Dewis arall fyddai rhywbeth heb fod yn ddramatig – stori fer neu olygfa o nofel.
3. Crëwch eich golygfa gerddorol eich hun – y geiriau a'r cwbl.

GWRANDO PELLACH

Cân golygfa ddramatig
Rose's Song allan o *Gypsy* gan Jules Styne/Sondheim, lle mae'r cymeriad yn torri i lawr ar y llwyfan – a hyn yn cael e adlewyrchu yn y gerddoriaeth.

Blues/Baledi pop
And I am Telling You allan o *Dreamgirls* (cerddoriaeth gan Henry Krieger), ac *I'm Here* allan o *The Colour Purple* (cerddoriaeth gan Brenda Russell, Allee Willis a Stephen Bray).

Roc indie
Bitch of Living a *My Junk* allan o *Spring Awakening* (cerddoriaeth gan Duncan Sheik). Mae *Bitch of Living* yn delio gyda chwestiynau tyfu i fyny yn yr arddegau. Fformat pennill-cytgan gyda band roc sydd yma. Cynnig sylwadau ar yr hyn sy'n digwydd ar y llwyfan y mae'r gân *My Junk* (yn null Bertold Brecht, maen nhw'n dod allan o'u cymeriadau, yn wynebu'r gynulleidfa gyda microffonau ac yn canu).

Darnau ensemble
Set agoriadol o *Company* gan Stephen Sondheim – enghraifft ardderchog o wrthbwynt lleisiol, darn o sgwrs gerddorol.

CERDDORIAETH FFILM

PAM CERDDORIAETH FFILM?

Mae cerddoriaeth ffilm wedi bodoli ers i ffilmiau gael eu dyfeisio tua diwedd y 19eg ganrif. Roedd gan gerddoriaeth swyddogaeth ymarferol yn y dyddiau cynnar – i foddi sŵn y peiriannau mawr oedd yn taflu'r lluniau ar y sgrin. Ond yn ystod y cyfnod hwn – oes y ffilmiau di-sain – fe sefydlwyd swyddogaeth greadigol cerddoriaeth mewn ffilm hefyd. Daeth cerddoriaeth i fod yn brif gyfrwng sefydlu naws, creu awyrgylch briodol, cyfleu meddyliau, teimladau ac emosiynau gwahanol gymeriadau. Mae'r nodweddion hyn wedi dal i chwarae rhan bwysig – hyd yn oed ar ôl dyfeisio sain mewn ffilm yn niwedd yr 1920au.

Y gred oedd, gyda dyfodiad sain mewn ffilm, y byddai deialog ac effeithiau sain yn disodli cerddoriaeth, ond nid dyna ddigwyddodd. Yn wir, yn ystod yr 1930au, pan ddaeth hi'n bosibl i olygu sain i ffilm ar ôl i'r broses ffilmio ddod i ben, y sylweddolwyd holl bosibiliadau cerddoriaeth fel haen uwchben, neu wedi ei chyfuno â seiniau naturiol, seiniau allanol a deialog. Sylweddolwyd pwysigrwydd cerddoriaeth nid yn unig yn nhermau cyfleu naws neu gynrychioli emosiwn, ond y gallai hefyd ragfynegi digwyddiadau yn y dyfodol, edrych yn ôl i'r gorffennol, ychwanegu dyfnder at rai cymeriadau arbennig, a chreu symudiad a rhythm i rai golygfeydd a digwyddiadau penodol.

BETH YN UNION YW CERDDORIAETH FFILM FELLY?

Defnyddir cerddoriaeth mewn ffilm yn y bôn mewn dwy ffordd wahanol. Y term am y cyntaf yw **cerddoriaeth ddiegetig**, **ar-sgrin neu gynhenid**, ac mae'n cyfeirio at gerddoriaeth sy'n digwydd o fewn y ffilm – cerddoriaeth a chwaraeir, a berfformir, a glywir ac a brofir gan gymeriadau'r ffilm. Er enghraifft, gellid disgrifio rhywun yn troi nobyn y radio mewn golygfa mewn ffilm, a cherddoriaeth roc a rôl i'w chlywed, fel cerddoriaeth ddiegetig; neu olygfa lle mae feiolinydd yn ymddangos ar lwyfan ac yn dechrau chwarae Sonata gan Bach.

Mae cerddoriaeth ddiegetig yn aml yn helpu'r gwyliwr i leoli cymeriadau o fewn y cyfnod cyffredinol y lleolir y ffilm. Fe allai cerddoriaeth roc a rôl awgrymu ffilm wedi ei gosod yn America yn niwedd yr 1950au; fe allai Sonata gan Bach ein cyflwyno i gerddor clasurol talentog. Ar y llaw arall fe allai cerddoriaeth ddiegetig olygu rhywbeth yn bersonol, neu gysylltiadau arbennig, i'r cymeriad dan sylw.

Dychmygwch olygfa 'radio' mewn ffilm a leolir yn y presennol. Y prif gymeriad yw gwraig yn ei 60au hwyr. Mae hi'n troi'r radio ymlaen a chlywn gerddoriaeth roc a rôl. Mae'r gân roc a rôl yn procio cof y wraig am ddigwyddiad yn ystod ei hieuenctid, ac yn gweithio felly fel cyfrwng i'w hailgysylltu gyda cherddoriaeth ei hieuenctid, rhywbeth sy'n codi hiraeth arni.

Yn yr un modd, cawn olygfa sy'n dangos perffformiad o gerddoriaeth ffidil 'glasurol' gan gerddor ar lwyfan, ond gwir fwriad yr olygfa yw dweud wrth y gynulleidfa fod un o brif gymeriadau'r ffilm – dyn yn y gynulleidfa – yn ŵr dysgedig ac yn hyddysg ym maes y celfyddydau (dyna pam y defnyddir cerddoriaeth glasurol).

Yr enw ar y math arall o gerddoriaeth yw cerddoriaeth **an-ddiegetig**, **gor-ddiegetig neu anhanfodol**. Mae hyn yn cyfeirio at gerddoriaeth sy'n digwydd y tu allan i 'realiti' y ffilm, ond sydd er hynny yn cefnogi neu'n cynnal yr hyn sy'n digwydd yn y ffilm. Nid yw'r cymeriadau, wrth gwrs, yn ymwybodol o gerddoriaeth an-ddiegetig – dim ond atom ni, y gynulleidfa, y caiff ei hanelu. Mae cerddoriaeth an-ddiegetig felly yn creu perthynas arbennig rhwng ffilm (a bwriadau y cyfarwyddwr) a'r gwyliwr – perthynas nad yw'r cymeriadau yn ymwybodol ohoni oherwydd nad ydynt yn clywed y gerddoriaeth. Pe gallai cymeriadau mewn ffilm g ywed cerddoriaeth an-ddiegetig, mae'n bur debyg y byddent yn ymddwyn yn bur wahanol – byddai dynes yn cerdded ar hyd cyntedd tywyll, heb wybod bod anghenfil â dau ben yn aros amdani, yn siŵr o droi yn ei hôl a rhedeg nerth ei thraed pe gallai glywed y ffidlau yn gwichian mewn traw uchel dros y trac sain. Mae'r gynulleidfa felly yn cael mwy o wybodaeth na'r cymeriadau drwy gyfrwng y gerddoriaeth an-ddiegetig a chwaraeir dros y ffilm.

Wrth gwrs, mae cyfarwyddwyr ffilm yn cyfuno elfennau diegetig ac an-ddiegetig. Dyma i chi enghraifft ddychmygol. Mae cerddoriaeth ddiegetig a glywir gan wraig yn ei 60^{au} ar y radio yn mynd â hi'n ôl i'w hieuenctid. Mae cerddoriaeth y radio yn tawelu ac yn ei le clywir cordiau melys, rhamantus yn an-ddiegetig ar linynnau. Beth mae'r gerddoriaeth yn ei ddweud? Mae'r gerddoriaeth an-ddiegetig yn helpu'r gynulleidfa i sylweddoli bod y wraig yn meddwl mewn ffordd ramantus am y gorffennol.

Wrth gwrs, nid pob cerddoriaeth an-ddiegetig sy'n delio â phortreadu emosiynau. Fe allai trac sain cyflym mewn arddull *techno* gyd-fynd ag ymladd o fath *martial arts* mewn ffilm lawn cyffro, neu geir yn rasio'n beryglus drwy strydoedd cefn rhyw ddinas Americanaidd. Mewn cyd-destun o'r fath, mae'r gerddoriaeth yno i atalnodi naws gyffredinol yr olygfa, yn hytrach na mynd i mewn i feddwl y cymeriadau unigol.

SUT YDW I'N CYFANSODDI CERDDORIAETH FFILM?

Mae dwsinau o wahanol ffyrdd i ysgrifennu cerddoriaeth ffilm. Byddai'n amhosibl i ymdrin â phob agwedd ar gyfansoddi cerddoriaeth ffilm o fewn un bennod. Penderfynwyd felly ganolbwyntio ar bedair elfen yma:

1. Creu naws neu osodiad priodol i ffilm
2. Portreadu cymeriad – syniad y leitmotif
3. Creu symudiad a momentwm drwy ddefnyddio cerddoriaeth
4. Y modd gorffenno , presennol a dyfodol mewn cerddoriaeth

Bydd y bennod yn cloi gydag enghraifft o osod naws a chreu symudiad a momentwm.

1   Creu naws neu osodiad priodol i ffilm

Fel y dangoswyd eisoes, mae'r hyn a glywn yn cyflyru ein hymateb i'r hyn a welwn. Drwy osod cyd-destun clywedol i'r hyn a welwn, fe all cerddoriaeth ddod yn ffordd bwerus o osod cyd-destun penodol i ffilm. Er mwyn dangos hyn, dychmygwch fod yn rhaid i chi gyplysu'r trac canlynol (*Foreboding*) gydag UN o'r delweddau canlynol. Pa un sy'n adlewyrchu'r math o gerddoriaeth a glywir orau?

TRAC 48

a. Cariadon yn cofleidio mewn stryd ym Mharis
b. Jiraffod yn rhedeg ar hyd gwastadeddau Serengeti
c. Grŵp o ddawnswyr Morus mewn pentref yn ardal y Cotswolds
ch. Milwyr yn gorymdeithio drwy strydoedd llawn rwbel

Os oedd y gerddoriaeth wedi ei chysylltu â delwedd a, b a c, beth fyddai ystyr hynny? Mae'r tabl canlynol yn ceisio esbonio hyn yn gryno:

Delwedd	Effaith
a) Cariadon yn cofleidio mewn stryd ym Mharis	Mae'r gerddoriaeth yn croes-ddweud yr hyn a welir mewn delwedd fel hon. Efallai felly fod yma awgrym o gythrwfl a gwrthdaro yn y berthynas yn y dyfodol, neu rywbeth amdanynt nad ydym yn ei wybod. Fodd bynnag, nid yw'r gerddoriaeth yn ffitio'n daclus gyda'r hyn a welwn.
b) Jiraffod yn rhedeg ar hyd gwastadeddau Serengeti	Unwaith eto mae'r gerddoriaeth yn gwrthdaro â'r ddelwedd, ond fe allai natur fygythiol y gerddoriaeth gyfleu bodolaeth ansicr yr anifeiliaid yn rhannau gwyllt Affrica – ymosodiadau posibl gan lewod a llewpartiaid, er enghraifft. Unwaith eto, nid dyma'r cyfuniad mwyaf addas, er y gellid – gydag ymdrech – ei ystyried yn addas.
c) Grŵp o ddawnswyr Morus mewn pentref yn ardal y Cotswolds	Mae'n anodd iawn cyplysu'r gerddoriaeth yma gyda delwedd y dawnswyr Morus. Y math mwyaf amlwg o gerddoriaeth fyddai cerddoriaeth werin Seisnig, a glywir gan amlaf yn y cyd-destun hwn.

Felly y cyplysiad mwyaf amlwg yw ch) – delwedd y milwyr yn gorymdeithio drwy strydoedd llawn rwbel. Pam?

- Mae curiad cyson yn y gerddoriaeth a chryn ailadrodd, yn efelychu sŵn traed yn gorymdeithio, megis bataliwn o filwyr yn gorymdeithio drwy stryd.

- Mae'r sain yn galed. Chwaraeir y piano drwy ostegu'r llinynnau er mwyn creu sain fetalaidd. Mae'r defnydd o'r pibgorn Cymreig, offeryn Celtaidd gyda'i sain cras tebyg i frwynen, yn rhoi blas y pridd i'r trac a theimlad mwy cyntefig.

- Mae sŵn cadwynau'n cael eu llusgo – a glywir yn ddiweddarach – yn awgrymu milwyr a ddaliwyd ac a garcharwyd. Mae'r awyrgylch gerddorol yn fygythiol, a'r bwriad yw creu argraff gyffredinol o ryfel. Mewn gwirionedd, bwriadwyd y gerddoriaeth i gyd-fynd â ffilm ddogfen am Wrthryfel y Pasg yn Iwerddon, sy'n dangos sut y daliwyd ac y carcharwyd y gwrthryfelwyr Gwyddelig mewn gwersyll carchar yng ngogledd Cymru.

> Beth am roi cynnig ar gyfansoddi darn tebyg ar bwnc rhyfel? (Gweler y 'Briff Cyfansoddi' ar ddiwedd y bennod hon i gael awgrymiadau fydd o gymorth i chi wneud hyn.)

Fel y gwelsom, mae creu awyrgylch briodol ar gyfer ffilm yn bwysig iawn. Mae'r cyfansoddwyr gorau yn llwyddo i greu awyrgylch arbennig iawn yn y trac sain drwyddo draw. Roedd Bernard Herrmann yn llwyddiannus iawn wrth wneud hyn. Un o'i draciau sain mwyaf adnabyddus oedd hwnnw ar gyfer y ffilm *Psycho*, sy'n cynnwys yr olygfa enwog yn y gawod. Gwrandewch ar ychydig o gerddoriaeth Herrmann ar gyfer y ffilm hon.

TRAC 49

Yn gyntaf, beth sy'n eich taro ynglŷn â'r offeryniaeth? Dim ond adran linynnol fach a ddefnyddir gan Hermann drwy'r cyfan. Pam ei fod yn cyfyngu ei hun yn y fath fodd? Efallai fod yna gyfyngiadau amser neu arian, wrth gwrs, ond un esboniad artistig credadwy yw bod sain finimalaidd, ddi-liw y gerddorfa linynnol yn cydweddu â'r delweddau du a gwyn ar y sgrin – mae'r sgôr gerddorol yn ychwanegu at y naws ddigalon a thaer yr oedd Hitchcock yn ceisio ei chyfleu yn y ffilm.

Cyfansoddwr arall sydd wedi ychwanegu dimensiwn pwerus at ffilmiau drwy ei gerddoriaeth yw Ennio Morricone. Mewn ffilmiau a elwir yn 'Spaghetti Westerns', megis *A Fistful of Dollars* a *Once Upon a Time in the West*, fe gynhyrchodd Morricone seiniau diddorol allan o offerynnau anghonfensiynol na welir mewn cerddorfa, megis chwibanoglau, sgrechfeydd, gweiddi, clychau'n canu cnul, chwipiau ac ati.

Ceisiwch gael gafael ar beth o gerddoriaeth Morricone ar gyfer y ffilmiau hyn, neu gwrandewch yn ofalus ar y trac sain pan ddangosir y ffilm ar y teledu y tro nesaf. Efallai y sylwch fod Morricone yn ceisio integreiddio'r effeithiau sain a'r gerddoriaeth, gan greu rhywbeth sy'n nes at olygfa sain – cyfuniad o effeithiau sain a cherddoriaeth. Mae'r gerddoriaeth an-ddiegetig yn ceisio bod yn debycach i'r seiniau diegetig a glywir ar y sgrin – gweiddi a chrochlefain y cowbois, traed y ceffylau'n carlamu, clychau'n canu mewn pentref ymhell i ffwrdd, nadroedd yn hisian yn yr anialwch, ac yn y blaen.

> Beth am roi cynnig ar gyfansoddi eich 'golygfa sain' eich hun i gyd-fynd â golygfa ddychmygol? (Gweler y 'Briff Cyfansoddi' ar ddiwedd y bennod hon i gael awgrymiadau fydd o gymorth i chi wneud hyn.)

2 Portreadu cymeriad – syniad y leitmotif

Yn hytrach na chreu naws neu awyrgylch arbennig, cyfansoddir cerddoriaeth ffilm weithiau i gynrychioli cymeriad arbennig neu grŵp o bobl. Mae'r dechneg yma'n mynd yn ôl i opera'r 19eg ganrif, ac fe'i cysylltir yn arbennig â'r cyfansoddwr Almaenig, Richard Wagner. Fe ddatblygodd dechneg fotifol o'r enw leitmotif. Roedd leitmotif fel arfer yn cynnwys thema fer neu alaw, a fyddai'n ymddangos yr un pryd â'r cymeriad bob tro. Fe ddatblygodd Wagner ddulliau mwyfwy soffistigedig o ddatblygu syniad y leitmotif – pan fyddai'r cymeriad yn newid yn ystod yr opera byddai'r leitmotif yn newid hefyd.

Mae llawer o gyfansoddwyr ffilm wedi mabwysiadu dulliau Wagner, oherwydd eu bod yn galluogi cynulleidfa i uniaethu gyda'r cymeriad ar unwaith. Mae John Williams wedi defnyddio'r dechneg yn helaeth yn ei sgorau ffilm. Daw un enghraifft enwog o drac sain y ffilm *Jaws*. Yma mae Williams yn cyfansoddi ffigur dau nodyn pwerus yn seiliedig ar ddau nodyn sy'n perthyn yn gromatig i'w gilydd – E♭ ac E – i gyfleu y siarc mawr gwyn. Hyd yn oed cyn i ni weld y siarc, mae'r ffigur cerddorol hwn eisoes wedi creu cyswllt yn ein meddwl rhwng y leitmotif a'r bwystfil. Bob tro y caiff ei glywed, fe wyddom beth sy'n dod nesaf.

> Dyma syniad y gallech chi ei fabwysiadu efallai – cymerwch gymeriad o ffilm a welsoch, a chyfansoddwch gyfres o dri neu bedwar 'portread' byr yn seiliedig arno ef neu hi. (Gweler y 'Briff Cyfansoddi' ar ddiwedd y bennod hon i gael awgrymiadau fydd o gymorth i chi wneud hyn.)

3 Creu symudiad a momentwm mewn ffilm

Mae pob cerddoriaeth yn rhoi symudiad neu fomentwm i olygfa arbennig – ond mae taro ar yr union gyflymder yn gallu bod yn anodd. Bydd cyfarwyddwyr ffilm yn aml yn defnyddio cerddoriaeth sydd eisoes ar gael wrth weithio ar olygiad cyntaf y ffilm (y *rough cut*). Cyfeirir at y gerddoriaeth hon fel y *temp track* (trac dros dro) ac fe'i disodlir fel arfer yn ddiweddarach gan gerddoriaeth a gyfansoddwyd yn arbennig ar gyfer y ffilm. Y syniad y tu ôl i'r trac dros dro yw ei fod yn gosod y cyflymder, y momentwm, naws ac awyrgylch ar gyfer golygfeydd arbennig ac yn rhoi canllaw defnyddiol i'r cyfansoddwr – ynghyd â chyfarwyddyd geiriol gan y cyfarwyddwr. Dro arall, fe all cyfarwyddwr dorri golygfeydd i gyd-fynd â darn o gerddoriaeth sydd eisoes ar gael yn hytrach na'r ffordd arall, fel y dangosir yn ddiweddarach.

Mae cyfansoddwr felly yn adeiladu sgôr ffilm gydag anghenion y cyfarwyddwr mewn golwg. Mae llwyddiant cerddoriaeth ffilm, felly, yn dibynnu ar allu'r cyfansoddwr i gyfathrebu rhywbeth gwreiddiol o fewn y strwythur a osodir gan olygfeydd y ffilm a'r newidiadau mewn golygfa, deialog, digwyddiad, ac yn y blaen. Os nad oes trac dros dro ar gael, rhaid i'r cyfansoddwr weithio'n reddfol gyda'r olygfa, gan geisio adlewyrchu cyflymder a rhythm yr hyn a welir.

Yn groes i'r arfer, gyda ffilm Stanley Kubrick, *2001: A Space Odyssey*, fe benderfynodd y cyfarwyddwr gadw'r trac sain dros dro, oedd yn cynnwys cerddoriaeth gerddorfaol gyffrous gan Richard Strauss, Gyorgy Ligeti ac eraill, yn hytrach na defnyddio'r sgôr yr oedd wedi comisiynu Alex North i'w hysgrifennu. Fe osododd hyn gynsail ar gyfer amryw o ffilmiau wedi hynny, megis *A Clockwork Orange* gan Kubrick sy'n defnyddio Nawfed Symffoni Beethoven, neu amryw byd o ffilmiau Quentin Tarantino. Mae Tarantino yn hoff o dynnu ar gymysgedd eang ac eclectig o arddulliau a *genres* – o ganeuon pop i gerddoriaeth werin a chlasurol. Mae hyn yn ychwanegu at natur eclectig ei arddull ffilm.

> **4**   **Y modd gorffennol, presennol a dyfodol mewn cerddoriaeth**

Fe all cerddoriaeth bortreadu'r gorffennol, y presennol neu'r dyfodol yn effeithiol iawn. Fe all greu teimlad o ragfynegi'r dyfodol drwy roi argraff o danseilio neu groes-ddweud yr hyn sydd i bob golwg yn digwydd yn yr olygfa. Un ffordd amlwg o wneud hyn yw drwy gael y gerddoriaeth i greu teimlad anesmwyth neu ansicr mewn golygfa lle mae popeth yn ymddangos yn iawn ar yr wyneb.

Fe all cerddoriaeth hefyd bwyntio i'r gorffennol mewn nifer o ffyrdd. Un ffordd yw ysgrifennu cerddoriaeth sy'n efelychu arddulliau'r gorffennol. Cyfeirir at hyn yn aml fel cyfansoddi *pastiche*. Bydd cyfansoddwr amryddawn yn medru cyfansoddi mewn sawl arddull, ac yn medru cynhyrchu efelychiadau sy'n argyhoeddi o ffurfiau cerddorol o'r gorffennol. Mae *pastiche* yn effeithiol mewn dramâu cyfnod, megis thema agoriadol cyfres y BBC, *Pride and Prejudice,* yn 1995 sy'n gwneud defnydd o harmoni Baróc a Chlasurol. Ceisiwch wrando ar brif thema y ddrama deledu hon, a nodwch y technegau Baróc a ddefnyddir (patrymau harmonig, defnydd o fas alberti ac addurniadau eraill, offeryniaeth Glasurol, ac ati).

Ffordd arall o gyfleu y gorffennol mewn cerddoriaeth yw drwy godi hiraeth – y teimlad o ddyheu am rywbeth yn y gorffennol na ellir ei ail-greu. Mae un enghraifft o ddefnyddio cerddoriaeth i greu teimlad o hiraeth yn ymddangos yn y gyfres wyddonias o'r dyfodol, *Battlestar Galactica*. Mewn un bennod, mae'r ddau gymeriad Carol a Heelo ar y ddaear, sydd bellach wedi ei meddiannu gan griw Cylon, ac maen nhw'n ymweld yn sydyn â hen gartref Carol a chwalwyd gan y rhyfel. Mae Carol yn chwarae cerddoriaeth, a chlywir *Metamorphosis* 5 Philip Glass yn ddiegetig dros yr olygfa wrth iddi hi hel atgofion am y cyfnod cyn y rhyfel gyda'r Cyloniaid. Yn yr enghraifft hon mae cerddoriaeth Glass yn gweithredu fel proc i greu hiraeth – dyma ffilm wedi ei lleoli yn y dyfodol, ond am yr un olygfa fer hon, mae'n edrych yn ôl i'r oes bresennol. Mae arddull Finimalaidd Glass yn cynrychioli'r math o gerddoriaeth y bydd cenedlaethau'r dyfodol efallai am wrando arni er mwyn cysylltu mewn modd hiraethus â'u gorffennol.

SUT YDW I'N CYFANSODDI CERDDORIAETH FFILM DDA?

Wrth gwrs, mae llwyddiant sgôr ffilm yn dibynnu ar y cydgysylltiad â'r delweddau. Fodd bynnag, bydd y gerddoriaeth ffilm orau yn medru sefyll ar ei thraed ei hun, fel y dangosir gan boblogrwydd recordiadau o draciau sain ffilm gan gyfansoddwyr megis Howard Shore neu John Williams, neu'r ffaith fod y sgorau hyn ar gael ar ffurf cerddoriaeth ddalen. Er mwyn ysgrifennu cerddoriaeth ffilm dda, ystyriwch y canlynol:

- A yw'r gerddoriaeth yn ddigon diddorol yn nhermau sain a lliw?

- A oes yna ddigon o gyferbyniad yma? Ceisiwch osgoi ymestyn un cord am ormod o amser, er enghraifft. Cadwch bopeth yn ffres. Sicrhewch fod digon o bethau eraill yn digwydd o gwmpas cord estynedig, megis curiad rhythmig, effeithiau sain sy'n creu ofn efallai, neu ddarnau bach o alaw.

- Os mai bwriad y gerddoriaeth yw creu awyrgylch, a yw'r holl elfennau hynny sy'n cyfrannu tuag at naws y ffilm wedi eu hystyried?

- Os mai'r bwriad yw cyplysu'r gerddoriaeth gyda chymeriad, a yw holl nodweddion cymeriad yr unigolyn dan sylw wedi eu hystyried?

- Oes yna ddatblygiad melodig, harmonig a rhythmig digonol yma?

- A yw'r gerddoriaeth yn swnio'n dda ar ei phen ei hun? A yw'n 'sefyll ar ei thraed ei hun'?

BRIFF CYFANSODDI

1. Cyfansoddi cerddoriaeth i gyd-fynd â rhestr credydau agoriadol ffilm ddychmygol

Er mwyn gwneud hyn, yn gyntaf oll edrychwch ar y clip DVD ar y linc canlynol: www.caa.aber.ac.uk (Projectau ar y we). Cafodd ei greu gan y cyfansoddwr ffilm Cymreig llwyddiannus, Owain Llwyd. Mae'n cynnwys credydau agoriadol ffilm ddychmygol, a alwodd ef yn *25 Diwrnod*. Am 50 eiliad mae cyfres o gredydau yn ymddangos yn erbyn cefndir du yn y drefn ganlynol:

Hyd mewn munudau ac eiliadau	Pwynt cyd-daro (*Hit point*)	Teitlau
0.00-0.05 [ymdoddi a phylu]	0	'Bangorwood Pictures mewn cydweithrediad â'r...'
0.06-0.11 [ymdoddi a phylu]	1	'Adran Gerdd yn cyflwyno...'
0.12-0.16 [ymdoddi a phylu]	2	'Cynhyrchiad Owain Llwyd...'
0.18-0.23 [ymdoddi a phylu x2]	3	'Steffan Elis' / 'Aled Hopton'
0.24-0.29 [lluniau'n fflachio a theitl]	4	'25 Diwrnod'
0.31-0.39 [ymdoddi a phylu x3]	5	'Huw Gethin', 'Aled Williams', 'Ieuan Wyn'
0.40-0.45 [ymdoddi a phylu]	6	'Stori gan Owain Llwyd'
0.46-0.50 [ymdoddi a phylu]	7	'Gwisgoedd Pwyll ap Siôn'

Gan fod yr enghraifft yn eithaf niwtral – nid yw cefndir du ac ysgrifen blaen yn dweud llawer wrth y gwyliwr am y ffilm – eich tasg chi felly fel cyfansoddwr yw gosod naws briodol ar gyfer y credydau. Dyma rai pwyntiau:

Gofynnwch y cwestiwn, pa genre y mae'r credydau yn ei awgrymu? Comedi? Arswyd? Hanesyddol? Rhamant? Mae'r enghraifft a ddarparwyd yn mynd am y genre 'arswyd' oherwydd bod y cefndir du, y credydau yn ymdoddi a phylu, a'r delweddau'n fflachio ac yn niwlog, i gyd yn creu naws sinistr.

Wrth gwrs, byddai'n bosibl mynd â'r ffilm i gyfeiriad arall drwy'r gerddoriaeth, drwy feddwl amdani fel rhamant, er enghraifft.

Gwrandewch yn awr ar yr enghraifft ganlynol ar y linc hwn: www.caa.aber.ac.uk (Projectau ar y we). Yna gwrandewch ar yr un gerddoriaeth drwy ddilyn y sgôr isod:

Adeiladwyd yr alaw agoriadol allan o hanner tonau a thrithonau, sy'n creu tensiwn ac anesmwythyd

Mae bwlch o ddau 8fed rhwng yr Obo a'r Baswn, sy'n creu teimlad o wacter

pwynt cyd-daro 2

Mae'r cord agoriadol yn cyfuno dau hanner tôn a dau drithon (C, C#, F#, G)

pwynt cyd-daro 3

pwynt cyd-daro 4

Sefydlir prif gywair y gerddoriaeth (F leiaf)

Gwrthdro y brif thema mewn gwead 'cwestiwn ac ateb'

Prif thema, yn cynnwys hanner tonau a thrithonau

pwynt cyd-daro 5: PRIF DEITL

Clywir cord ansicr ar y diwedd, gan greu effaith 'marc cwestiwn'

P Felly beth yn union yn y gerddoriaeth hon sy'n creu teimlad sinistr ac anesmwyth?

- Defnydd o hanner tonau a thrithonau – mae hanner tonau a thrithonau yn wych i greu teimladau anesmwyth, llawn ofn. Pam? Mae'r ddau yn tanseilio unrhyw deimlad o gywair a chyweiredd, ac felly yn mynd â'r gwrandäwr allan o'r maes hwnnw lle mae'n teimlo'n gysurus. Mae hanner tonau yn perthyn i'w gilydd yn gromatig, ac felly dydyn nhw ddim yn swnio fel petaent yn perthyn i gywair (megis C fwyaf neu A leiaf). Ystyrir y trithon (neu gyfwng 4^{ydd} estynedig) fel yr un mwyaf 'ansefydlog' o'r holl gyfyngau.

- Defnyddir arf ailadrodd i greu teimlad anesmwyth. Mae hyn hefyd yn atalnodi yr hyn sy'n digwydd ar y sgrin – adlewyrchir yr ailadrodd ar y geiriau yn yr ailadrodd ar y gerddoriaeth: bob tro y daw enw ar y sgrin, clywir y thema.

- Dilynir y pwyntiau cyd-daro yn eithaf agos. Pan fydd y prif deitl yn ymddangos, mae'r brif thema yn ymddangos am y tro cyntaf. Ceisiwch gadw datganiad eich prif thema hyd yr eiliad bwysicaf ar ddechrau'r ffilm. Ceisiwch wneud i'r gerddoriaeth arwain at y pwynt hwn.

Mae'r enghraifft hon yn ymgais i gadw at ganllawiau asesu mewnol CBAC yn y meysydd canlynol:

Canllawiau asesu mewnol	Sut maen nhw'n ymddangos yn *25 Diwrnod*?
Datblygiad syniadau cerddorol	Clywir hanner tonau a thrithonau ar ddechrau'r darn; y rhain wedyn sy'n dod yn sail i'r brif thema.
Defnydd priodol o offeryn	Defnyddir ystod offerynnol eithaf eang ar gyfer darn byr.
Rheoli gwead	Mae swyddogaethau offerynnol weithiau yn cael eu cyfnewid. Mae'r piano yn dechrau drwy gyfeilio i'r obo a'r baswn; yn ddiweddarach mae'n cefnogi'r baswn wrth ddatgan y brif thema.
Dealltwriaeth o ddulliau harmonig priodol	Ar y dechrau, mae'r cordiau a'r melodïau'n cael eu creu allan o hanner tonau a thrithonau; pan glywir y brif thema, caiff cywair F leiaf ei ddatgan, ond yna caiff yr elfennau hyn eu cyfuno er mwyn creu cysondeb.
Cysondeb arddull	Mae'r holl elfennau uchod yn cael eu cyfuno i sicrhau cysondeb arddull – mae hyn yn bwysig iawn wrth geisio creu naws gyffredinol y ffilm.

2. Cyfansoddi darn o gerddoriaeth yn para tua 1-2 funud ar bwnc rhyfel

Defnyddiwch ddelwedd, megis ffotograff neu ddarlun, i'ch ysbrydoli.

Meddyliwch am yr elfennau canlynol wrth i chi gyfansoddi eich darn:

- **Rhythm:** Pa fath o rythmau sy'n helpu i greu argraff o ryfel? Ceisiwch wrando ar ddarnau sydd eisoes yn bod, megis *Mars* (Gustav Holst) allan o'r *Planets Suite*, a nodwch y patrwm rhythmig ailadroddus yn y cefndir.

- **Alaw a harmoni:** Pa fath o linell felodig fyddai'n creu argraff o argyfwng a gwrthdaro? Ystyriwch ddefnyddio'r 4ydd estynedig (neu drithon) yn eich alaw, megis C-F♯ neu D-G♯.

- **Lliw a timbre:** Pa fath o sŵn fyddai'n helpu i osod y naws ar gyfer golygfa yn cyfleu rhyfel? Meddyliwch am sain galed, curo rheolaidd, a sain ddofn, dywyll, fygythiol.

3. Cyfansoddi golygfa sain gerddorol o'r enw 'Sŵn y Ddinas', yn para tua 1-2 funud

Meddyliwch am yr elfennau canlynol wrth i chi gyfansoddi eich darn:

- **Effeithiau sain:** Recordiwch bob math o synau yn y stryd – er enghraifft, ceir, bysiau a beiciau; pobl yn siarad neu weiddi; sŵn safle adeiladu neu orsaf drên, ac ati. Rhowch yr holl haenau at ei gilydd i greu'r trac sain sylfaenol. Cofiwch mai'r bwriad yw gosod cerddoriaeth ar ben hwn, felly peidiwch â'i wneud yn rhy brysur.

- **Naratif:** Ychwanegwch eich deialog eich hun neu droslais at yr effeithiau sain os dymunwch. Cymerwch ddarn o nofel sy'n disgrifio golygfa mewn dinas. Darllenwch hwn allan, neu gael rhywun arall i'w ddarllen i chi.

- **Effeithiau cerddorol:** Ar ôl i chi gwblhau y trac sain sylfaenol, ychwanegwch rai effeithiau cerddorol. Defnyddiwch syntheseiddydd, allweddell, gitâr, offerynnau taro, neu unrhyw seiniau lleisiol neu offerynnol eraill. Dylai'r effeithiau cerddorol hyn gydweddu â'r trac sain.

- **Thema gerddorol**: Ceisiwch feddwl am wahanol ffyrdd y gall yr offerynnau a ddefnyddir gennych efelychu sŵn dinas. Er enghraifft, fe allai corn rhybudd niwl ar long roi nodau cyntaf eich thema i chi, wedi ei chwarae efallai ar gorn Ffrengig; fe allai sŵn adeiladwyr yn taro hoelion ar safle adeiladu roi patrwm rhythmig i chi. Ceisiwch ddatblygu'r syniadau hyn i greu thema y gellir ei hadnabod.

- **Creu haenau a chymysgu'r trac sain**: Unwaith y mae'r holl elfennau wedi eu cwblhau, y brif dasg yw sicrhau eu bod yn clymu ynghyd yn iawn. Dylai'r effeithiau sain fod yn weddol dawel yn y gymysgfa ar y cyfan, er efallai y byddwch am bwysleisio mwy arnynt yma ac acw. Y thema neu'r themâu cerddorol yw'r peth pwysicaf, gan mai hon yw elfen bwysicaf eich cyfansoddiad. Cofiwch beidio â rhoi gormod o bwyslais ar effeithiau sain yn y darn hwn.

4. Cyfansoddi cyfres o dri neu bedwar darn 'portread' byr yn seiliedig ar gymeriad o ffilm

Dyma rai awgrymiadau i'ch helpu:

- **Cyfansoddi'r brif thema**: Dylai'r thema gyfleu personoliaeth y cymeriad dan sylw. Os yw'r cymeriad yn ffigwr cryf (arwr neu arwres), ceisiwch gyfansoddi thema gref, bositif a phwerus i gyd-fynd â'r cymeriad. Os mai dihiryn yw'r cymeriad, defnyddiwch symudiadau cromatig a rhythmau pigog. Adeiladwch eich thema fel bod gennych gyflwyniad byr, gyda'r thema ei hun yn dilyn, adran ganol wrthgyferbyniol, ac yna'r thema yn dychwelyd unwaith eto.

- **Amrywiadau ar y thema**: Defnyddiwch eich thema fel sail i gyfres o amrywiadau ar gyfer 'portreadau' eraill cysylltiedig â'r un cymeriad. Fel hyn byddwch yn datblygu'r syniad eitmotif a ddefnyddir gan lawer o gyfansoddwyr ffilm – dylai unrhyw un o'r amrywiadau hyn ffitio disgrifiad cerddorol y cymeriad hwn.

5. Cyfansoddi darn o gerddoriaeth ffilm yn para 1-2 funud yn seiliedig ar thema sydd eisoes yn bod

Dychmygwch fod y cyfarwyddwr ffilm wedi gofyn i chi gyfansoddi sgôr ffilm wedi ei seilio yn gyfan gwbl ar *Summertime* Gershwin. Mae'r cyfarwyddwr, fodd bynnag, wedi dweud yn bendant nad trefniant syml o'r alaw sydd ei angen arno/arni – DIM OND awgrymiadau bychain, darnau byrion neu adleisiau o gân Gershwin. Dyma rai awgrymiadau ar sut i fynd o'i chwmpas hi:

- Edrychwch ar y gân wreiddiol, a chwaraewch drwyddi, yna dechreuwch ei rhannu yn wahanol rannau – alaw a chyfeiliant, harmoni, rhythm, ac yn y blaen.

- Er enghraifft, cymerwch y cyfeiliant agoriadol sy'n cynnwys dau gord, trawsgyweiriwch y patrwm, yna cyfnewid y ddau gord fel bod yr ail gord yn dod gyntaf. Cyfnewidiwch y 'lleisiau' yn y cord, fel bod y nodau isaf yn ymddangos yn y rhan uchaf. Newidiwch gymeriad rhythmig y cyfeiliant gwreiddiol.

- Drwy wneud yr holl bethau hyn, byddwch yn creu cerddoriaeth sydd â rhyw gysylltiad â chân Gershwin, ond a fydd yn swnio fel bod y gân wreiddiol wedi ei hailgyfansoddi YN LLWYR, ac NID yn drefniant syml ohoni.

- **Cofiwch y byddwch yn colli marciau os nad yw'ch cyfansoddiad yn ddigon gwreiddiol.** Defnyddiwch ddarn arall fel man cychwyn ar gyfer eich datblygiad 'rhydd' a gwreiddiol eich hunan. Er mwyn eich helpu, gwrandewch ar draciau o sgôr hynod o lwyddiannus Michael Nyman ar gyfer y ffilm *The Piano*, lle mae'n defnyddio nifer o alawon Albanaidd fel sail. Mae Nyman yn cuddio amryw o'r alawon hyn yn glyfar iawn yn ei gerddoriaeth – techneg a fabwysiadwyd gan lawer o gyfansoddwyr ers o leiaf yr oesoedd canol hwyr (yn yr offeren gylchol, er enghraifft).

GWRANDO PELLACH

Bernard Herrmann: traciau sain *Psycho* (1960) a *Taxi Driver* (1976)

Ennio Morricone: traciau sain *A Fistful of Dollars* (1964) a *Once Upon a Time in the West* (1968)

John Williams: traciau sain *Jaws* (1975) a *Star Wars*

Valley of Darkness allan o *Battlestar Gallactica* (series X)

Michael Nyman: traciau sain *The Piano* (1993)